Niki Glattauer

DER ENGAGIERTE LEHRER UND SEINE FEINDE

Zur Lage an Österreichs Schulen

UEBERREUTER

Das säurefreie und alterungsbeständige Papier EOS liefert Salzer, St. Pölten (hergestellt aus chlorfrei gebleichtem Zellstoff aus nachhaltiger Forstwirtschaft).

ISBN 978-3-8000-7484-6

Covergestaltung: Miriam Höhne / Ralf Strobl
Coverfoto: Vorderseite: Ken Zirkel Studio / www.istockphoto.com; Rückseite: Verena Hochleitner

Gedruckt in Österreich
7 6 5 4 3

Ueberreuter im Internet: www.ueberreuter.at

INHALT

VORWORT

Als ich mich vor 15 Jahren spät dazu berufen fühlte, Lehrer zu werden, und von der Chefredaktion eines Wochenmagazins mehr oder weniger übergangslos in die Hörsäle einer Pädagogischen Akademie (heute: Pädagogische Hochschule) gewechselt bin, wäre mir *eine* Idee jedenfalls nicht gekommen – dass ich über meinen neuen Beruf je schreiben würde.

Heute ist es so, dass es anders gar nicht mehr ginge. Für ein Monatsmagazin[1] verfasse ich in Sachen »Schulalltag« seit Jahren eine zumindest im Kreis meiner Familie viel beachtete Kolumne, als Autor und Gastautor mehrerer Zeitungen und Gazetten[2] schreibe ich unseren Berufsstand betreffend regelmäßig gegen die gröbsten Gemein… äh … Missverständnisse an. Jetzt auch in Buchform.

Der Gage wegen tust du so etwas nicht. Das tust du für dein Seelenheil. Viele meiner lieben Kolleginnen[3] nutzen ihren Fronturlaub vom täglichen Klassenkampf anders: Sie sammeln auf Wochenendausflügen in die Bucklige Welt versteinerte Knochen, züchten auf Balkonien grün blühende Blumen oder legen an besonderen Tagen (die 4D sechs Stunden am Stück unverletzt überstanden) Ying-Yang-Halstücher um.

Glauben Sie mir, so mancher von uns würde lieber Autos sammeln, auf ein Shopping-Weekend in die große Welt jetten und sich zum »Après-School« in Tuch kleiden, wie man es in »Reich und schön« zu sehen kriegt.

Aber leider sind wir nur schön. Um das erste brennende Geheimnis an dieser Stelle gleich zu lüften: Ich (50 +) verdiene als Lehrer in der Gehaltsstufe 8 monatlich circa 1.650 Euro netto, und in diesem Betrag sind zusätzliche acht Stunden Mittagsaufsicht und die Klassenvorstandszulage auch schon enthalten. Jemand neidisch?

Vermutlich hätten wir für ein extravagantes Leben gar nicht die Nerven: Jeder, der es auf seine ihm statistisch aufgerechneten 1,4 Kinder gebracht hat, weiß, was das bedeutet: an Lärm, an Kopfweh, an Eintragungen in Freundschaftsbücher. Wir Lehrerinnen haben 25 bis 30 Kinder. Ich sage »haben«. Denn wir unterrichten sie nicht nur. Wir haben sie. In jeder Klasse. Jahr für Jahr. Wie in einer Endlosschleife. Wir binden ihnen die Schuhe, spielen zu Weihnachten Engerl/Bengerl mit ihnen, lassen uns in den seltsamsten Sprachen beflegeln und schenken ihnen später trotzdem die Vierer, die sie brauchen, um in der richtigen Welt einst Präsidentschaftskandidat oder zumindest »Austria's next Topmodel« werden zu können.

Aber statt dass sie uns »da draußen« die Tapferkeitsmedaille dafür verleihen, geben sie uns Ohrfeigen. Fragen Sie mich nicht, wie die das anstellen, aber immer wieder gelingt es ihnen von rechts unten bis links oben aus der längst überfälligen Bildungs- und Ausbildungsdiskussion eine höchst überflüssige Lehrerinnendiskussion zu machen, mit dem immer gleichen Ergebnis. 1) Wer Lehrerin wird, hat nur zwei Gründe dafür: den Juli und den August. Und 2) Wenn einmal aus einem deiner Schüler etwas geworden ist, dann nicht wegen dir, sondern trotz dir.

Gut, als Lehrerin bist du es gewohnt, für die anderen das Krokodil zu sein. Patrick[4], 2A, zeigt in einer meiner Lernstunden unvermittelt auf:

– *Herr Lehrer, meine Mutter sagt, Ihr Bruder ist berühmter als Sie.*
– *Aha.*

– *Sie sagt, sie hat eine Tabelle gesehen, da ist er Erster. (Pause) Sie sind nirgends Erster.*
– *Du meinst ein Bestseller-Ranking. (Pause) Doch, bei mir zu Hause falle ich jeden Abend als Erster ins Bett. (Pause) Okay, das war jetzt nicht wirklich lustig. (Pause)*
– *Er tut Bücher schreiben. Sie tun nur Hefte verbessern.*
– *Patrick, was willst du mir eigentlich sagen?*
– *Wieso ich? Meine Mutter.*
– *Und was will die mir sagen?*
– *Na nix.*

Dieses Buch, Patrick, ist dir gewidmet! Und deiner Frau Mama, leider unbekannterweise ...

VON QUOTEN UND IDIOTEN

Der schiefe Turm von PISA

Ich war noch nicht lange Lehrer, da stolperte ich beim Zeitunglesen über folgende Typisierung von Einwanderern in Österreich: a) Sie leben überproportional häufig an der Armutsgrenze. b) Sie arbeiten in der Regel unter ihrem Ausbildungsniveau. c) Sie finden schlechte Arbeitsbedingungen vor. d) Sie haben kaum innerbetriebliche Aufstiegschancen.

Ich hatte eines meiner ersten Aha-Erlebnisse: Wenn du dir als Junglehrerin deinen Gehaltszettel anschaust, dann hast du auch das Gefühl, an der Armutsgrenze zu leben. Du findest katastrophale Arbeitsbedingungen vor. Du arbeitest, wie du bald feststellst, nicht nur unter, sondern vor allem *neben* deinem Ausbildungsniveau. Und du hast keinerlei Aufstiegschancen (es sei denn, du bist Turnlehrerin und machst deine Schüler gerade mit der Sprossenwand bekannt). Kein Wunder also, dass du dich manchmal, nennen wir es ziemlich *hm* fühlst.

Gut, die meisten von uns leben nicht an der Armutsgrenze, denn die meisten von uns sind Frauen, und als solche haben sie Männer, die nicht an der Armutsgrenze leben. Aber da gibt es ja auch noch so etwas wie die »psychische Armutsgrenze«: Als AHS-»Professorin« gehörst du wenigstens für die Eltern deiner Schüler noch zum sozialen Mittelstand, aber schon als Hauptschullehrerin (in Wien KMS-Lehrerin) bist du nur noch bedingt gesellschaftsfähig, und wer an einer Polytechnischen Schule (PTS; früher Polytechnischer Lehrgang) arbeitet, spielt sowieso in der Ostliga. Privates Gespräch an einem lauen Maiabend:

– *Und was machen Sie, gnädige Frau, ich meine, beruflich?*
– *Ich bin Lehrerin.*
– *Ach, dann bereiten Sie Ihre Schüler wohl gerade auf die Matura vor, gaudeamus igitur, wenn ich so sagen darf …*
– *Nein, auf das AMS. So viele Menschen mit Haaren auf den Köpfen gibt es in Österreich gar nicht, wie bei uns jedes Jahr Friseurinnen werden wollen.*
– *Pardon?*
– *Poly.*
– *Oh. Verzeihung.*

Gar nicht zu reden von den noch niedrigeren Rängen. Sag einmal da draußen, dass du Volksschullehrerin bist. Schon werden sie dir erklären wollen, dass links auf der Karte ein schwarzer Mann regieren tut, der Obama heißt. Dann geben sie sich einen Ruck und loben dich dafür, dass du unlängst das Adventkranzbinden so toll hingekriegt hast. Und sag *niemals*, dass du Sonderschullehrerin bist. Als Frau stecken sie dich in die Lade »Ute Bock mit Piercing«, als Mann wirst du für ein zu groß gewachsenes Depperl gehalten, und alle warten darauf, dass du beim nächsten Satz zu stottern oder zu zuzeln beginnst.
Nicht, dass uns Stottern unbekannt wäre. Allerdings bringen heutzutage nicht wir unsere Schüler zum Stottern, sondern umgekehrt. Zum Beispiel, wenn es um die Noten geht.

Nachdem Sabrina, 14, ihre Englisch-Schularbeit zum zweiten Mal geschwän… versäumt hatte, schlich sie in einem unbeobachteten Moment zum Lehrmittelkasten, in dem einige Lehrerinnen ihr schulisches Hab und Gut aufzubewahren pflegen, wählte mit sicherer Hand die Arbeit der Klassenbesten und machte sich über das lange Wochenende einmal kurz darüber schlau, was eigentlich so Sache gewesen wäre. Bei dem Versuch, das Heft zurückzuschmuggeln, wurde sie erwischt und zur Rede gestellt:

– *Sabrina! Was hast du dir dabei gedacht?*
– *Sie sagen ja immer, ich soll was lernen.*
– *Aber doch nicht, indem du eine fremde Schularbeit aus meiner Lade stiehlst?*
– *Das war nicht Stehlen, sondern Ausborgen. Und ausborgen darf man. (Pause) Außerdem habe ich Ihnen eh gesagt, ich kann nichts.*
– *Und wieso lernst du dann nichts?*
– *Weil ich meine Schrift im Heft nicht lesen kann.*
– *Wozu hast du dein Work-Book?*
– *Mein was?*

Die gute Nachricht: Sabrina hat ihre Schullaufbahn inzwischen beendet, zumindest für PISA kann sie also nicht mehr getestet werden. Die schlechte: Sie hat einen elfjährigen Bruder …

Stichwort PISA.[5] Da hat sich dir als Lehrerin eine unangenehme Südfront aufgetan, über deren Verlauf du eigentlich nicht groß Bescheid weißt. Umso gespannter bist du, wenn dir, zum Beispiel gratiszeitungsmäßig, ein authentischer Lagebericht ins Haus steht. Voller Spannung blätterte ich daher eines Tages zu dem schon auf der Titelseite der Zeitung groß angekündigten Interview mit einer PISA-Aktivistin. Tatsächlich kam dort Sonja, 17, aus St. Pölten zu Wort, die ihr Pulver leider schon im Titel verschoss: »Ich war eine PISA-Testperson!«, darunter das Eingeständnis: An die genauen Beispiele könne sie sich zwar nicht mehr erinnern, aber wenn man sie so frage, würde sie sagen: »Die PISA-Fragen sind eh leicht gewesen, sie waren nur ur blöd gestellt.« Diese Antwort lässt für PISA 3[6] nichts Gutes ahnen. Immerhin war genau *das* diesmal als Hauptspeise auf der Karte gestanden: »Geschriebenes verstehen und interpretieren.«

Wetten würde ich darauf abschließen, wie man in Österreich mit den zu erwartenden mauen Ergebnissen (Plätzen rund um die 20) umgehen wird. Die, die an der österreichischen Bildungspolitik nichts ändern wollen, werden beschwichtigen – »Gar nicht übel abgeschnitten, jetzt einmal abgesehen von den Punkten« –, die anderen werden wie schon bei PISA 1 und 2 den »nationalen Notstand« ausrufen. Andreas Salcher[7] wird vielleicht ein Buch schreiben. Und die Lehrerinnen werden die medialen Buh-Rufe über sich ergehen lassen müssen. Darüber hinaus wird wieder nichts passieren. Kein Wunder, dass die meisten Lehrerinnen mit PISA nicht so recht warm werden. Aber es gibt Ausnahmen. Eine positive Haltung zu PISA nimmt die Lehrerin und Bildungsentwicklerin Christa Koenne[8] ein:

> *Lehrerinnen fühlen sich hauptverantwortlich für den Lernerfolg der Schülerinnen und sie werden zunehmend alleinverantwortlich gemacht. Sie sind gewohnt, Prüfungen in den Unterricht zu integrieren und dabei höchst eigenverantwortlich zu handeln. Probleme, die durch die Unterschiedlichkeiten in ihren Beurteilungen entstehen, werden dafür in Kauf genommen. Daher ist ihre Ablehnung von internationalen Tests und die Skepsis gegenüber Standards verstehbar, sehen sie doch ihre Arbeit als mit bewertet. Das ist schade. PISA vergleicht Bildungssysteme. Die Bildungspolitik ist der Adressat der Ergebnisse. Lehrerinnen aber, die die Bildungsphilosophie, das »Framework«, von PISA lesen, die sich mit den Fragen, den Testaufgaben, die PISA stellt, beschäftigen, haben schon etwas Wichtiges getan. Sie haben dazugelernt. Die PISA-Diskussion bietet – was könnte man sich für die Schule Besseres wünschen – Lernchancen.*

Zweifellos war PISA (und in dessen Windschatten später dann PIRLS und TIMSS[9]) die Initialzündung für eine Diskussion, die bis heute nicht verebbt ist, mit all ihren schlechten und guten Facetten: Ohne PISA hätten wir nie etwas über unsere talentierten Schüler und deren obersten Fürsprecher erfahren; ohne PISA hätte Ex-Kanzler Gusenbauer nie eine Nachhilfestunde geben können; wäre Fritz Neugebauer nie Zweiter Nationalratspräsident geworden; ohne PISA hätte so manche Zeitung ihre Schlagzeilen noch öfter mit Benny, Schlieri, Mausi und Katzi bestreiten müssen; ohne PISA hätten wir jetzt keine eigene Sozialarbeiterin an unserer Schule (sondern vielleicht ein paar zusätzliche Nähmaschinen für »Werken Mädchen«). Und wir hätten nie erfahren, dass sich überall auf der Welt die Sprachkenntnisse von Zuwanderern von Generation zu Generation verbessern (ein Sachverhalt, der an sich noch keinen »Wow!«-Effekt auslösen würde), überall – nur eben nicht in Österreich und Deutschland. Da sprechen die Kinder von Einwanderern schlechter Deutsch als ihre Eltern.

Als Lehrerin haut dich auch das freilich nicht wirklich um. Umfrage in der Deutsch-Stunde:

- *Wer von euch spie... äh arbeitet täglich mit einem Computer?*
  (Alle heben die Hand.)
- *Wer von euch schaut täglich fern?*
  (Alle heben die Hand.)
- *Wer von euch macht täglich Sport?*
  (Zwei heben die Hand.)
- *Wer von euch liest täglich?*
  (Sanela hebt die Hand.)
- *Toll, Sanela. Wenigstens du. (Pause) Welches Buch liest du denn gerade? (Pause)*
- *Wie meinen Sie das?*
- *Du hast doch eben gesagt, dass du täglich liest ... was liest du denn?*
- *SMS.*

Ohne PISA wären wir auch um ein paar gewichtige Sätze ärmer. Diesen zum Beispiel: »Das österreichische Bildungssystem ist weit davon entfernt gerecht zu sein. Bei uns herrscht weder Chancengerechtigkeit noch Chancengleichheit. (...) Ich halte es aber leider nicht für reformierbar.« Im Nachsatz die Erklärung: »Das lassen in Österreich die politischen Umstände nicht zu.« (Günter Haider, Österreichs oberster Bildungsexperte[10])

So wahr diese Analyse vermutlich ist: Ich denke, das Schulsystem wäre durchaus reformierbar. Man müsste die »politischen Umstände« nur dazu bringen (zwingen?), es *endlich* zu *tun*.

Wer und wie? Darüber scheiden sich naturgemäß die Geister: Schule auf dem Land ist anders als Schule in der Stadt. Schule für Fünfjährige ist anders als Schule für 15-Jährige. Die einen wollen Schule in der beschützenden Hand des Bundes, die anderen huldigen dem Föderalismus. Schule ist eben nicht gleich Schule. Und wenn zwei von »Reform« sprechen, meinen sie etwas Drittes.

Reformgedanken zum Thema Schule machte sich auch die ehemalige EU-Parlamentarierin Karin Resetarits, die in Brüssel unter anderem für Bildungsfragen zuständig war. Ich interviewte die Mutter von inzwischen fünf Kindern nach dem ersten großen PISA-Desaster vor sechs Jahren.

? *Was fällt Karin Resetarits zu PISA ein?*

! *Ich glaube, dass PISA für die Entwicklung von Schule ganz und gar nicht positiv ist. Und zwar, weil es in einem System, das auf Druck aufgebaut ist, noch mehr Druck hineinbringt. Natürlich ist das auch ein negativer Verdienst der Medien, die aus den Ergebnissen jedes Mal ein nationales Ranking-Spielchen machen nach dem Motto: Wer schlägt wen wie hoch? Dieser dumme Wissens-Contest macht Druck auf die politisch Verantwortlichen, die geben ihn an die Lehrer und Lehrerinnen weiter und diese an die Schüler und Schülerinnen. Aber Faktum ist doch: PISA fragt nur Leistun-*

gen ab, kognitive Leistungen. Menschen nur danach zu beurteilen, welche kognitiven Leistungen sie produzieren, finde ich falsch. Gut geschult verlässt man eine Schule heutzutage dann, wenn man gelernt hat, kreativ und vernetzt zu denken, wenn man ein soziales Gewissen entwickelt hat, und nicht zuletzt, wenn man seinen Selbstwert gefunden hat. Wer kein Selbstwertgefühl hat, dem nützt auch alle Bildung nichts.

? *Inwiefern ist Brüssel für unser Schulsystem überhaupt zuständig?*

! *Brüssel ist in diesem Punkt in einer Zwickmühle. Einerseits gibt es diese Lissabon-Ziele. Darin heißt es zum Beispiel, dass Europa bis 2010 »wissensbasiert die stärkste Weltmacht« werden soll. Das Ausbilden einer leistungsfähigen Wissensgesellschaft ist also ein deklariertes EU-Ziel. Andererseits darf die EU keine gemeinsame Bildungspolitik betreiben. Die Bildung ist streng nationalstaatlich, Brüssel hat also gar keine Chance, sich lenkend in die einzelnen Bildungssysteme einzumischen. Viele bedauern das, vor allem jene, für die Schule mehr ist als eine Leistungsschmiede. Nach PISA 2 sind schwedische und englische Waldorf-Lehrerinnen zu mir gekommen und haben geklagt: PISA habe negative Auswirkungen auf ihre nationalen Schulsysteme, man denke nur noch leistungsbezogen, die Lebensqualität junger Menschen habe man dabei völlig aus den Augen verloren. Ich habe daraufhin im EU-Parlament eine Arbeitsgruppe gegründet unter dem Titel »Quality of Childhood«. Da kamen sechs Mal im Jahr Experten zum Erfahrungsaustausch zusammen. Jesper Juul war zuletzt dabei, der ist Lehrer in Dänemark und einer der bedeutendsten Familientherapeuten Europas. Sein wichtigstes Werk ist »Das kompetente Kind«. Seine These: Kinder haben von Anfang an eine eigene Persönlichkeit und sind damit menschlich und sozial kompetente Partner ihrer Eltern. Wir Erwachsene müssen lernen, auch störendes Verhalten in Botschaften zu übersetzen. Auch Martina Leibovici[11] war da.*

? Familien-Coaches als Bildungsexperten?

! Gute Schulpolitik ist auch Familienpolitik. Schulen müssen eben mehr sein als Orte, an denen man Bildung erwirbt. Schulen müssten Orte sein, wo junge Menschen zu Hause sein können, wo sie sich aufgehoben fühlen und dabei all jene Prozesse durchmachen, durch die sie später gefestigte Erwachsene werden. Stattdessen werden sie durch Leistungs-, Noten- und Zeugnisdruck von Jahr zu Jahr unsicherer. Das erfahre ich als Mutter, die bis jetzt vier Kinder durch die Schule gebracht hat, hautnah. Ein Beispiel: Mein Paul, 15 Jahre alt, war jetzt ein Jahr auf der Europäischen Schule in Brüssel, das ist eine Schule mit Sprachenschwerpunkt, wo der Unterricht dreisprachig erfolgt: englisch, französisch, deutsch. Paul hat dort mit der Note 8 abgeschlossen, 10 wäre die Bestnote gewesen, Pauls Leistung lag also sozusagen zwischen 1 und 2. Für mich war das ehrlich gesagt kein Wunder, Paul hatte mit mir schon ein halbes Jahr in New York verbracht, er war von klein auf an Englisch gewohnt. Seit heuer ist er in Wien in der Schule – und jetzt ruft mich seine Englischlehrerin an, er steht zwischen 4 und 5. Ich frage mich, wie gibt es das? Dort fast ein »Sehr gut«, drei Monate später in der Nähe von »nicht genügend«? Was für ein Beurteilungssystem liegt dem zugrunde? Mir hat die Lehrerin dann erklärt, er mache seine Aufgaben nicht, und für sie seien die Hausaufgaben die Hälfte der Note. Aber hat das Machen oder Nichtmachen von Hausaufgaben nicht eher etwas mit Disziplin zu tun? Was benote ich hier also: Englischkenntnisse oder ob ein 15-Jähriger tut, was ihm aufgetragen wird?

? Wäre Disziplin denn nicht so eine soziale Kompetenz abseits vom Wissenserwerb?

! Da geht es aber nicht um das Festigen einer an sich positiven Charaktereigenschaft, sondern um Gehorsam, auch um die Rangordnung. Ich bin der Lehrer, daher schaffe ich an. In Skandinavien,

aber auch in den Niederlanden ist Schule viel demokratischer. Da geht es auch weniger um das Heranziehen von Wissens- und Bildungseliten. Da geht es mehr um das gemeinsame Durchmachen von gesellschaftsrelevanten Prozessen.

? *Elitenbildung. Das ist doch ein Schlagwort!*

! *Mein Sohn Boris hat einen sehr stringenten Matheprofessor, diesen haben mehrere Eltern einmal zur Rede gestellt: Ihre Kinder würden dem Unterricht kaum folgen können, bei den Hausübungen seien sie völlig überfordert und so weiter. Die Antwort des Mathelehrers: Ich mach keinen Förderunterricht. Das muss man sich als Antwort einmal vorstellen: Er fördert im Unterricht nicht. Was sonst sollte ein Lehrer tun? Und dann hat er uns expressis verbis erklärt, er richte sich im Unterricht nach den beiden besten Mathe-Schülern. Wenn die etwas verstanden hätten, gehe er weiter. Er unterrichte elitenorientiert. Da haben wir dieses Wort aus dem Mund des Lehrers: elitenorientiert. In vielen anderen europäischen Ländern ist so etwas denkunmöglich, da sitzen Lehrer im gleichen Boot wie ihre Schüler. In Belgien werden die Schüler von externen Prüfern geprüft. Da fühlt sich ein guter Lehrer selbstverständlich für alle Schüler und Schülerinnen zuständig. Und es wird nicht ständig separiert und segregiert, also ausgelesen.*

? *Höre ich da ein Bekenntnis zur gemeinsamen Mittelschule heraus?*

! *Natürlich. Daran führt kein Weg vorbei, das ist eine Frage der gesellschaftlichen Gerechtigkeit. Ich bin auch für die ganztägige Schule. Und ich bin darüber hinaus für zwölf Jahre Schulpflicht wie in den USA. Mehr Schule, dafür viel weniger Druck, davon würde die Gesellschaft nachhaltig profitieren.*

? *Zwölf Jahre Schule und das ganztägig – da wird sich die Begeisterung der Beteiligten in Grenzen halten.*

! Man darf Schulen natürlich nicht als Schließfächer betrachten, in denen die Kinder aufbewahrt werden, möglichst unauffällig, bis sie ihre Eltern wieder abholen. Das ist weder den Kindern noch den Lehrern zumutbar. Schulen müssen leben. Sport zum Beispiel wird in den Schulen total vernachlässigt, in ganz Europa. Das gilt auch für Kultur. Sport zu betreiben, so intensiv wie möglich, und Kultur zu erleben, so aktiv wie möglich, wäre eine sinnvollere Nachmittagsbeschäftigung, als Hausaufgaben zu schreiben. Das kostet natürlich Geld, aber dafür wüssten die Eltern ihre Kinder behütet und versorgt, auch emotional versorgt. Das entspannt, damit verlieren Kinder ihre Rolle als Belastungspakete.

? Lehrer also als Erzieher.

! Als Lebensabschnittsbegleiter. Natürlich mit dem entsprechend hohen gesellschaftlichen Status. Warum müssen Klassenräume Schülerräume sein? In den USA ist das großteils ganz anders, auch in Belgien. Die Klasse gehört den Lehrern und Lehrerinnen, sie ist ihr Arbeitsplatz, sie gestalten den Raum nach ihrem Geschmack, haben dort ihre Computer stehen, den Fernseher, die Schreibtische, die Handbibliothek. Die Schüler verbringen dort auch nicht ihre Pausen, sie sind es, die pendeln, nicht die Lehrer. Damit werden die Erwachsenen von morgen die Gäste am Arbeitsplatz von Erwachsenen von heute. Der Lehrer, die Lehrerin sind Gastgeber. Das verändert die Perspektive, das wertet sie auf. Man muss ganz allgemein versuchen, Lehrerinnen und Lehrer wieder aufzuwerten. Zufriedene Lehrerinnen und Lehrer bringen den Kindern wahrscheinlich mehr als zehn PISA-Studien.

Für zufriedene Lehrer zu sorgen, wäre wahrlich kein falscher Ansatz. Leider bewies meine Lieblingsministerin gerade in diesem Punkt gleich zu Amtsbeginn kein glückliches Händchen. Bevor Claudia Schmied von ihren Regierungskollegen in das

Zwei-Stunden-Fettnäpfchen geschubst wurde, hatte sie sich in ihren Antrittsinterviews die Schule betreffend für die Schaffung von »mehr Leidenschaft« (»Österreich«), »mehr Buntheit« (»Kurier«), »mehr Freude«(»Furche«) und »mehr Vielfalt« (»Presse«) ausgesprochen. Inzwischen hat sie dazugelernt: Von Buntheit und Vielfalt haben die meisten Lehrerinnen nach den ersten paar Dienstjahren nämlich mehr als genug, ihr natürlicher Feind ist die Einfalt. Oder das, was man fälschlicherweise dafür hält: »Jeder fünfte Schüler versteht nicht, was der Lehrer sagt«, titelte eine dieser Zeitungen, die so lange herumliegen, bis man hingreift. Darunter auf 30 Zeilen gestreckt die These, dass unsere Kinder immer »dümmer« würden, und abschließend die rhetorische Frage, wohin es führen werde, wenn in den Klassen inzwischen Kinder säßen, von denen »jedes fünfte dem Unterricht nicht mehr folgen« könne. Da drängt sich der gemeinen Wiener Pflichtschullehrerin spontan die Gegenfrage auf: Wo sitzen die anderen vier? In einem normalen Gymnasium aber auch nicht. Dort sitzt Jacqueline.

- *Jacqueline, wie ich sehe, hast du in Physik keine Ahnung vom Tuten und Blasen.*
- *Von dem zweiten – hihi – schon.*
- *René, dich hat keiner gefragt.*
- *Ja, Frau Lehrer.*
- *Und spuck außerdem den Kaugummi aus!*
- *Oida, welchen Kaugummi?*
- *Den in deinem Mund.*
- *Ah so, den.*
- *Jacqueline, willst du in Magnetismus nicht doch noch einmal geprüft werden, sonst droht dir im Semester ein »Nicht genügend«?*
- *Wo wollen Sie mich prüfen? Warum nicht in der Klasse?*
- *(Pause) Ich verstehe. (Pause) Dann erzähl uns einmal, was*

vom Lehrausgang ins Technische Museum hängen geblieben ist. (Laaange Pause) Wir haben doch letzte Woche die Ausstellung »Spurwechsel« besucht. Darin ging es um die Konfliktgeschichte des Fahrzeugs in der Stadt.

– *Meinen Sie das mit die alten Autos?*
– *Jacqueline, jetzt reicht es. Nicht genügend!*
– *Oida. Dann lern ich in Zukunft halt nix mehr.*

NICHT GENÜGEND, SETZEN!

Von gerechten und ungerechten Noten

Kreuzigen Sie mich nicht, vielleicht gehe ich heuer wieder als Nikolo. Vor zwei Jahren bin ich schon einmal gegangen. Damals erfolgte die Anbahnung durch die Chefin meiner Stammschule[12] sinngemäß so (oder so ähnlich ;-):

- *Lieber Nikolaus, nicht nur, weil du so heißt, würde ich mich sehr freuen, wenn du heuer für unsere Schüler als Nikolo gehen könntest. Der Kollege, der das bisher gemacht hat, kann heuer nicht.*
- *Krank?*
- *Vorweihnachtsallergie. (Pause) Ist psychisch.*
- *Verstehe. (Pause) Wann äh ... wäre ... äh ...*
- *Am 6. Dezember.*
- *Schon.*
- *Ach so. Von acht bis zehn. Länger hältst du es in der Dress sowieso nicht aus.*

Ich erhielt neben den passenden Textilien Sack und Stab – und dazu den Auftrag, nur gute Sachen zu sagen. Diese standen in Form von Stichwörtern und/oder ganzen Sätzen auf mindestens 20 Schummelzetteln, die von den jeweiligen Klassenlehrerinnen vorbereitet worden waren. Eineinhalb Stunden dauerte die Angelegenheit, dann war ich durch. Meine Schäflein im zarten Alter von zehn bis 13 bekamen mehrheitlich zwar keine leuchtenden Augen, aber es verschlug ihnen durch die Bank die Sprache, als ich meine Lobgesänge auf sie sang.

In der Art zum Beispiel:

- *René, du hast heuer in Mathe wirklich dazugelernt. Die Zahlen über 100 sind nicht leicht, das wissen wir alle, da passieren sogar ganzen Ländern die merkwürdigsten Fehler. Das Hausübungsheft ist mittlerweile beschriftet und eingebunden. Du bist ... da. Und von Deutsch, Englisch, Biologie, Geografie, Zeichnen, Turnen, Kochen und Musik reden wir nicht, man muss ja im Leben nicht alles können.*

Ich erzähle diese Geschichte, weil ich damals beschlossen habe, von nun an so zu tun, als wäre jeden Tag Nikolo: Ich begann damit, meinen Schülern vor allem das Gute zu sagen. Im Großen und Ganzen funktioniert das auch. Wenn da nur die Noten nicht wären ...!

Wir kennen das Dilemma unter den Schlagwörtern »Leistungsbeurteilung und Leistungsfeststellung«. Manche Lehrerinnen verbringen die Hälfte ihrer Arbeit damit, die Leistungen ihrer Schülerinnen »festzustellen«, weil sie der Meinung sind, so zu einigermaßen »gerechten« Noten zu gelangen. Summa summarum bedürfen Leistungsbeurteilung und Leistungsfeststellung einer logistischen Meisterleistung. Die Lehrerin erstellt – nach pädagogischen Vorgaben – alle nur denkbaren Arten von Frageschemata, arbeitet diesen Schemata folgend ihre Fragen aus, holt sich von ihren Schülern auf allen nur denkbaren Wegen Antworten, wertet diese aus, hält die Ergebnisse fest, trägt sie für alle nachvollziehbar ein (pädagogischer Neusprech: Sie »dokumentiert« sie) und beginnt, kaum hat sie das Prozedere beendet, das Ganze von Neuem. Dazwischen hat sie die Gelegenheit, sich für ihre Beurteilungen zu rechtfertigen. Nicht nur gegenüber dem Kind:

- *Sag, musst du der Jacqueline in GW*[13] *wirklich einen Fünfer geben?*
- *Warum?*
- *Die hat schon bei mir einen.*
- *Dann hör zu! Frage: Warum könnte man Europa vom Gesichtspunkt der Plattentektonik her auch Eurasien nennen? Antwort Jacqueline: Vielleicht wegen der vielen Oasen?*
- *Aha, mündlich. (Pause) Ich würde an deiner Stelle an deinen Diphthongen arbeiten. (Pause) Versuch es doch schriftlich!*
- *Warum?*
- *Vielleicht schreibt sie Oasen richtig.*

Das war jetzt eine der lustigen Varianten. Hier eine der weniger lustigen:

- *Herr Kollege, ich sehe, Sie haben diesmal sieben Frühwarnungen?*[14]
- *Ja, warum?*
- *Muss das sein?*
- *Da müssen Sie die betreffenden Kinder fragen, Herr Direktor.*
- *Sie wissen doch, dass es ... ähem ... da oben nicht gern gesehen wird, wenn wir die Kinder durchfallen lassen.*
- *Aha.*
- *Kostet zu viel.*
- *Und die Kinder, die nichts können, die kosten später etwa nichts?*
- *Schon, aber nicht die Schule.*

Bevor ich jetzt Applaus von der falschen Seite bekomme: Ich bin ein erklärter Gegner der negativen Beurteilung. Ich gebe quasi *nie* ein »Nicht genügend«, in einem Zeugnis schon gar nicht. Das ist, wenn Sie so wollen, eine Lebenshaltung, die daraus resultieren mag, dass ich zwischen Schülersein und Lehrerwerden ein paar andere berufliche Runden gedreht habe. Da merkst du, wie relativ Leistungen und vor allem deren Beurteilungen sind. Aber Lebenshaltungen sind verschieden, und die Kollegin, die gesetzlich das Recht dazu hat, eine Leistung negativ zu beurteilen, sollte man gewähren lassen. Leicht macht sie es sich damit ohnehin nicht. Eltern-Lehrer-Gespräch an einer AHS:

– *Ihnen ist schon klar, dass wir uns das nicht gefallen lassen?*
– *Mit Verlaub, mich wundert Ihre Entrüstung. Ihrem Herrn Sohn scheint sein »Nicht genügend« nämlich ziemlich egal zu sein, sonst hätte er inzwischen ...*
– *Ich verbitte mir solche Unterstellungen. Und diesen Ton gleich dazu. Ich bin nicht einer Ihrer Schüler.*
  (Pause)
  (Pause)
– *Bleiben wir doch sachlich. Lukas hat jetzt die vierte Prüfung in Folge mit einem »Nicht gen...«*
– *Aus. Schluss. Für mich ist dieses Gespräch beendet. Zum Glück gibt es da ja Behörden und Instanzen ...!*

Gibt es. Auch im schönen Land Tirol, wo vor ein paar Jahren fünf Kolleginnen vom Vater einer 18-jährigen Schülerin nach zwei »Nicht genügend« im Abschlusszeugnis wegen »Missbrauchs der Amtsgewalt und Fälschung von Beweismitteln« bei der Staatsanwaltschaft Innsbruck angezeigt wurden. Vater und Tochter hatten sich zu Unrecht negativ beurteilt gesehen und erhoben Einspruch gegen das Zustandekommen der Noten. Den Streitereien mit den Lehrern folgte ein Gutachten des Landesschulrats, in dem das Mädchen bezichtigt wurde, die Causa betreffend mehrmals die Unwahrheit gesagt zu haben. Dem Vater gelang es den Spieß umzudrehen, unter anderem durch den Nachweis, dass seine Tochter vermeintlich negative Beurteilungen an Tagen erhalten hatte, an denen sie gar nicht in der Schule war. Er wandte sich in zweiter Instanz an das Unterrichtsministerium. Dort wurde dem Einspruch inhaltlich Recht gegeben und die Noten von »Nicht genügend« auf »Genügend« korrigiert.

Aufschlussreich die Reaktionen der Leserinnen und Leser auf die Berichterstattung über den Fall – in Form von Postings im Internet:

Gast: (17:05)
Super!
Das sind Zustände in dieser Schule! Nicht jeder hat so einen Vater!

Gast: (17:28)
Alleluia
Aber am Sonntag fest in die Messe gehen, verpfafftes Pack.

Gast: WOW (17:35)
das öffnet mir ja total neue perspektiven ... meine fünfer von damals waren getürkt ...

Gast: (18:36)
ein verprügelter schüler. keine achtung von lehrer. lauter sch... hunde.

Gast: (18:58)
mach ich gleich mit. in den 70er und 80er jahren gabs ja lehrer die waren unter aller hunde! die müsste man auch verklagen, anstatt den kindern zu helfen haben sie schlechte noten vergeben! die gehören schon längst alle verklagt! wer macht mit!!!

Gast: (21:54)
Unter den Lehrern gibt es genauso viele unfähige Cretins wie in allen anderen Berufen. Leider gibt es viel zu wenige Eltern, die sich entschieden und konsequent gegen Ungerechtigkeit und Unfähigkeit zur Wehr setzen. Aus Angst vor Rache. In Wirklichkeit nehmen sich aber Lehrer gerade diejenigen Schüler vor, wo sie nichts zu befürchten haben. Aus eigener Erfahrung: In Wien steht der Stadtschulrat (rot) normalerweise auf der Seite der Schüler und Eltern und kritisch gegenüber den Lehrern (mehrheitlich schwarz). In Tirol hackt eine (schwarze) Krähe der anderen (schwarzen) Krähe halt kein Auge aus.

Gast: (nächster Tag, 01:08)
so stelle ich mir das eh vor Ewig alt eingesessen und glauben Sie können sich alles erlauben. Ich kann dem Vater nur voll und ganz Recht geben, was sich Lehrer heutzutage erlauben ist ohnehin eine Frechheit, dass man sich nicht bieten lassen muss um jeden Preis ...!

Gast: (14:08)
und wenn Sie mehr »gelernt« als »gelehrt« hätten würden Sie nicht ein so dummes Posting schreiben
Kein Unrecht muß man sich gefallen lassen. Der Schülerin wurde doch in zweiter Instanz rechtgegeben!!!!!!!!!!!!!!!!!!!!!!!!!

Gast: (14:10)
Bitte in welcher Zeit leben Sie????? Wir schreiben bereits das Jahr 2008 und nicht 1900!!

Gast: (14:19)
Sollten Sie eine Lehrkraft sein, tun mir die Schüler leid. Nach Ihrer Meinung lebe die Ungerechtigkeit.
Sie sind der Meinung: »HÄNDE FALTEN GOSCHN HALTEN«
Pfui!!!!!!!!!!!!!!!!!

In sieben von zehn Fällen streckt die Lehrerin rechtzeitig die Waffen. Und versucht das Dilemma irgendwie zu umgehen, für 50 verschiedene Talente und Fähigkeiten – und leider auch Unfähigkeiten – nur fünf Noten zur Verfügung zu haben. Manchmal segelt sie damit bis an die Grenzen der Lächerlichkeit. Einmal wurde ich in der Straßenbahn Zeuge eines Gesprächs zweier halbwüchsiger Gymnasiasten:

- *Du hast echt nur Einser im Zeugnis?*
- *Außer in Geo. Beim letzten Test habe ich Zuwanderung mit Einwanderung verwechselt. Das war dann statt Minuseinsmitwellenlinie nur ein Plusdreimitsternderl. Aber ich kann's mir nächstes Jahr ausbessern, hat der Professor meinem Vater gesagt.*

Dieses Männergespräch habe ich mir vorzustellen versucht:

- *Dieses dumme Plusdreimitsternderl! Das werden wir uns doch hoffentlich bis zur Matura noch ausbessern können, nicht wahr, Herr Hofrat?*
- *Professor. Nur Professor, bitte. Aber dann nächstes Jahr bitte keinen Test unter Plusgutmithakerl, Herr Doktor.*
- *Magister, bitte. Nur Magister. Plusgutmithakerl? Wo denken Sie hin? Unser Ziel bleibt naturgemäß ein »Sehr gut« auf alle Tests und Prüfungen. Schlimmstenfalls mit Kreuzerl!*

Für manchen Schüler sieht es so aus, als würden seine Noten aus dem Cache kommen. Cache (franz. für dahinterliegend, verdeckt) ist ein Begriff, der in der Computersprache für eine bestimmte Speichermethode verwendet wird. Du klickst einen Inhalt an und erhältst statt der aktuellen Version eine bereits bestehende aus einem versteckten Hintergrundspeicher. Szene im Klassenraum:

- *Zeig her, Lara, du hast doch das vierte Beispiel auch nur bis zur Hälfte richtig ...*
- *Und?*
- *Wieso kriegst du schon wieder einen Zweier und ich schon wieder einen Vierer?*
- *Weil ich mich nur verrechnet habe.*
- *Ich auch. Genau wie du. Schau her!*

In der Pause dann der Gang an den Lehrertisch:

- *Fraufessor, wieso habe ich schon wieder nur einen Vierer? Schauen Sie, ich hab genau so viel falsch wie ...*
- *Weil bei dir mehr drinnen gewesen wäre ... – Und spuck den Kaugummi aus!*

Machen wir uns nichts vor, das ist Alltag. Untersuchungen zeigen, dass Notengebung, so differenziert man sie auch zu betreiben versucht, in Summe Ungerechtigkeit impliziert. Die Note ist nämlich weder objektive noch objektivierbare Antwort auf eine abgefragte Leistung, sondern spiegelt auf höchst subjektive Weise die Einstellung der Notengeberin, also der Lehrerin wider: ihre Einstellung zu Leistungsüberprüfungen im Allgemeinen, zu einem bestimmten Lerngegenstand, zu einem bestimmten Kind in einer bestimmten Phase – und dies gebrochen durch die eigene Tagesverfassung. Lehrerinnen, denen in einer Versuchsreihe[15] unter verschiedenen Rahmenbedingungen (Stress/ Entspanntheit, Lärm/Ruhe, morgens/ abends usw.) mehrmals dieselben Arbeiten zur Benotung gegeben wurden, wichen in ihren Bewertungen bis zu zwei (!) Notengrade voneinander ab. Anders ausgedrückt: Entspannt nach dem Frühstück mochte es noch ein »Gut« für eine Arbeit gegeben haben, die am Abend unter Stress nur mit »Genügend« bewertet wurde.

Googelt man im Internet den Suchbegriff »ungerechte Notengebung«, findet man in Sekundenbruchteilen 75.300 Einträge. Die meisten davon sind Beschwerden und/oder rechtliche Anfragen in diversen Elternforen, die sich um negative Zeugnisnoten ihrer Kinder ranken. Rund 70.000 der rund 340.000 Schülerinnen und Schüler, die in Österreich die Oberstufe einer AHS oder BHS besuchen, bekommen in ihren Semesterzeugnissen ein oder mehrere »Nicht genügend«. Das sind rund 20 Prozent. Anders ausgedrückt: Jeder fünfte Oberstufenschüler – Burschen prozentuell etwas stärker betroffen als Mädchen – geht mit einer negativen Beurteilung in die Halbzeit. Die Drohung, die sich, mehr oder weniger gut getarnt, dahinter verbirgt: Wenn sich am Spielverlauf nichts ändert, geht es »zurück an den Start«. Das hässliche Wort dafür heißt »Sitzenbleiben«.

Wenn das Schuljahr Mitte, Ende September langsam in die Gänge kommt, befinden sich 24.000 (von rund einer Million Schülerinnen und Schüler) in einer Klasse, in der sie quasi schon waren. Das Sitzenbleiben ist nach Meinung des Bildungsexperten Bernd Schilcher[16] eine zutiefst österreichische Problemlösung. Fast überall in Europa, so Schilcher, kämen Lehrer nicht mehr auf die Idee, Schüler an Kollegen weiterzureichen: »Bei den meisten führt das Sitzenbleiben nur zu Frust und Vergeudung von Lebenszeit. Schüler werden damit bestraft, aber nicht besser.« Ein entschiedener Gegner des Sitzenbleibens in seiner derzeit praktizierten Form ist auch der »Erfinder« der im ersten Kapitel angesprochenen PISA-Studien, der deutsche OECD-Bildungsforscher Andreas Schleicher[17], den ich im vergangenen Frühjahr anlässlich einer gemeinsamen Podiumsdiskussion des »Renner-Instituts« zum Thema »Schule 2020« kennengelernt habe. Schleicher bezeichnet das »System Sitzenbleiben« wörtlich als »ziemlich teuren Unsinn«. Es bringe für den einzelnen Schüler »keinen Leistungsgewinn, sondern nur eine Verschiebung der Probleme auf eine andere Ebene, zeitlich, räumlich und zwischenmenschlich«. In einem Interview, in dem er auf die Situation in Deutschland Bezug nimmt, holte er dabei noch weiter aus. Ersetzen Sie im folgenden Text »Deutschland« einfach durch »Österreich«!

? *Herr Schleicher, in welchem Land wären Sie am liebsten zur Schule gegangen?*

! *Wenn es nach den pädagogischen Konzepten ginge, dann in Deutschland. Deutschland ist seit Jahrhunderten Weltmeister in pädagogischen Konzepten. Umgesetzt werden diese aber nicht systematisch, sondern je nach Gusto der Einzelschule. Also lautet die Frage nicht: »In welchem Land gehe ich zur Schule?«, sondern: »In welche Schule komme ich?«. In Finnland können Sie sich als Eltern durchgängig auf die Qualität der Schulen verlassen. In Deutschland leider nicht.*

? *Aber die hiesigen Gymnasien sind laut Pisa fast durchweg gut …*

! *Das kann man so sehen. Andererseits gibt es in den Haupt- und Realschulen (in Österreich: HS, KMS, GMS) viele Kinder, die auch auf Gymnasien hätten sein können. Hier wird viel Potenzial verschüttet.*

? *Wie kommt das?*

! *Es gibt in Deutschland eine extreme Abhängigkeit des Bildungserfolgs vom sozialen Hintergrund. In unserem Schulsystem werden junge Menschen sehr früh auf bestimmte Bildungswege aufgeteilt und später gibt es keine Übergänge mehr. Im modernen Schulsystem wird dagegen individuell gefördert.*

? *Das bedeutet, dass Lehrer das kognitive Potenzial der Schüler nicht erkennen. Sollte man Schüler deshalb testen?*

! *Das wird nicht durch einmalige Tests zu lösen sein. Wir brauchen vielmehr offene Bildungswege. Man muss wegkommen von der Selektion hin zur Förderung, und das heißt durchaus Differenzie-*

rung. Aber nicht in dem Sinne, dass wir denjenigen Schüler, der schlecht im Rechnen ist, auch noch mit dem Schüler zusammentun, der schlecht im Lesen ist.

? *Und die Lehrer? Was könnten die besser machen?*

! *Da fallen mir drei Dinge ein. Zum einen gibt es in Deutschland immer noch das Modell des Fragen entwickelnden Unterrichts: Der Lehrer weiß die Antworten und die Schüler erraten diese im Gleichschritt. Das hat wenig mit individueller Förderung zu tun. Zum anderen wird es Schulen und Lehrern immer noch zu leicht gemacht, Verantwortung abzuwälzen. Wenn der Schüler das Leistungsziel nicht erreicht, dann soll er das Gleiche noch mal machen: Klassenwiederholung. Aufgabe eines modernen Lehrers ist aber nicht, die Horizonte junger Menschen zu nivellieren, sondern ihnen die Gewissheit zu vermitteln, dass sie an der Wissensgesellschaft teilhaben werden, und sie zu motivieren, ihren Horizont auszubauen. Schließlich brauchen Lehrer ein Arbeitsumfeld, das Perspektiven für Entwicklung und Kreativität bietet und sich durch mehr Differenzierung im Aufgabenbereich, bessere Karriereaussichten, stärkere Verbindungen zu anderen Berufsfeldern sowie mehr Verantwortung für Bildungsergebnisse auszeichnet. (Aus einem Online-Interview, UNICUM ABI)*

Bei unserer Bildungsministerin läuft Schleicher offene Türen ein. Claudia Schmied in einem Radiointerview: »Das Sitzenbleiben ist mit einer persönlichen Stigmatisierung verbunden. Der Schüler wird aus seiner Klassengemeinschaft herausgenommen und damit aus seinem sozialen Gefüge gerissen. Das ist für Jugendliche häufig ein enormer psychischer Druck, oftmals leidet darunter die ganze Familie.«

Auch die ganze Lehrerin leidet darunter. Vor allem die, die den sitzengebliebenen Schüler »geerbt« hat:

- *Krieg ich jetzt schon wieder einen Fünfer in Musik?*
- *Tanja. Du kennst ja nicht einmal den Unterschied zwischen Mozart und Gokart, wenn ich dich danach frage, oder?*
- *Was war das Erste?*

Zurück zum heiligen Nikolo. Weihnachten steht vor der Tür, eine Volksschulklasse besucht den Christkindlmarkt:

- *Frau Lehrerin, schau, der Nikolaus! Warum ist der noch immer da, hat er was vergessen?*
- *Nein, das ist schon der Weihnachtsmann.*
- *Der schaut ja genau so aus wie der Nikolaus.*
- *Ja. Er heißt ja auch Santa Claus.*
- *Und wann kommt der Santa Claus?*
- *Wenn Christkind ist.*

Wie man sieht, beginnen die schulischen Verwirrungen des Lebens schon früh ...

KEVIN ALLEIN ZU HAUS

Von miesen Müttern und Vätern

Als irgendwann im Fernsehen die Spira-Doku über die Wiener Großfeldsiedlung lief (vielleicht war es auch eine Wiederholung), erkannte eine Kollegin unter den dort interviewten Leuten ihren 13-jährigen Schüler Kevin. Obwohl die Aufnahmen am Vormittag gemacht wurden und Kevin zu dieser Zeit in der Schule hätte sein müssen, war er um launige Antworten nicht verlegen. Was sich sinngemäß etwa so anhörte:

- *Du, wie alt bist du denn?*
- *Dr… v… fünfzehn.*
- *Hast du heute schulfrei? (Laaange Pause) Also sag, warum bist du denn jetzt nicht in der Schule?*
- *Schule is oasch.*
- *(Pause) Aha. (Pause) Und was tust du hier so?*
- *Tun? Na nix.*
- *Ich meine, triffst du hier deine Freunde?*
- *Ja, auch.*
- *Und was tut ihr dann so?*
- *Nix eben. Abhängen.*
- *Abhängen?*
- *Ja, Oida, chillen halt.*

Kevins Auftritt wäre durchaus Positives abzugewinnen gewesen: prägnant formulierte Antworten, die den Schluss zulassen, dass er den Sinn der jeweiligen Frage verstanden hat. Und das in einer Stresssituation. Das heißt: Für unsereiner wäre es wohl eine Stresssituation gewesen, für Kevin war es offensichtlich keine. Seine Lehrerin stellte ihn am nächsten Tag trotzdem eher übel gelaunt zur Rede:

- *Ich habe dich gestern im Fernsehen gesehen. (Pause) Wenn ich das richtig sehe, hast du da Schule geschwänzt.*
- *Wieso, ich war krank.*
- *Auf mich hast du aber ziemlich gesund gewirkt.*
- *Auf Sie wirken immer alle gesund. (Pause) Außerdem, was soll ich machen, wenn das Fernsehen kommt ...? (Pause) Die waren sogar bei uns in der Wohnung, aber das hat man nicht gesehen.*
- *Was sagt eigentlich deine Mutter dazu, dass du am Vormittag Schule schwänzt?*
- *Wer?*

Lehrerinnen verbringen statistisch betrachtet rund 900 Stunden pro Jahr mit ihren Schülern. Deren Mütter und Väter können das nicht von sich behaupten. Jeder zehnte Pflichtschüler, der voll berufstätige Eltern hat, ist am Nachmittag »unbetreut«. Das ergab eine gegen Ende vergangenen Jahres veröffentlichte Studie der Arbeiterkammer.[18] 43 Prozent der Kinder werden demnach »privat betreut«, vor allem von den Großeltern. Für zwei von zehn Kindern (19 Prozent) gibt es eine Mischform aus privater Betreuung und zeitweiser Betreuung (etwa in einem Hort). Aber selbst dort, wo prinzipiell eine Betreuung für die Kinder existiert, kommt es zu Lücken. 32 Prozent der Zehn- und Elfjährigen sind an den Nachmittagen »manchmal allein«; 14 Prozent der Acht- und Neunjährigen; und 4 Prozent der Fünf- bis Siebenjährigen!

Szenenwechsel ins Bundeskanzleramt. Kanzler Werner Faymann und seinem Vize wurden im Dezember des Vorjahres mehr als 13.500 Unterschriften von unzufriedenen Kindergärtnerinnen und Kindergartenkindereltern aufgetischt. Der Petition waren zwei Demonstrationen, ein sogenannter »Flashmob« und mehrere öffentliche Auftritte vorangegangen, zu denen die Kindergärtnerinnen gemeinsam mit Hortnerinnen aufgerufen hatten. Gut, »Kindergärtnerinnen« sollte man nicht sagen, »Hortnerinnen« vermutlich auch nicht. Aber »Vorschulpädagogin« kommt einem halt ähnlich schwer über die Lippen wie »Bewegung und Sport«, wenn von »Turnen« die Rede ist, oder »Ernährung und Hauswirtschaft« für »Kochen«. Warum es in der Pädagogik für die einfachsten Dinge immer die kompliziertesten Formulierungen gibt ...?

Was ich sagen will: Ihre Bezeichnung ist wohl das geringste Problem der Kindergärtnerinnen. Worum es ihnen geht, lässt sich an ihren drei Hauptforderungen erkennen: 1) um angemessenen Lohn für 2) aufgewertete Arbeit in 3) nach pädagogischen Grundsätzen zusammengestellten Kleingruppen. Es wird wohl niemanden geben, der solche Forderungen für nicht vertretbar hielte: Die vielen Damen (und leider wenigen Herren), denen wir bereits unsere Klein(st)kinder anvertrauen – eben weil wir in dieser Zeit Geld verdienen müssenwollen –, stellen die Basis der gesellschaftlichen Bildungspyramide dar, anders ausgedrückt: Sie bereichern in den nach heutigem Wissensstand entscheidenden ersten fünf Lebensjahren das Fundament für die kognitive und emotionale Entwicklung unserer Kinder. Bei nicht wenigen Kindern legen sie dieses Fundament sogar. Der im vorigen Kapitel bereits erwähnte Bildungsexperte Bernd Schilcher fasste ihre Bedeutung einmal so zusammen: »Eigentlich sollten im Bildungssystem Kindergartenpädagoginnen an der Spitze der Gehaltspyramide stehen, gemeinsam mit den Volksschullehrerinnen. Und Universitätsprofessoren wie ich sollten ganz unten sein.« Natürlich beinhaltet ein solcher Satz eine gehörige Portion Koketterie, aber dass es sich derzeit im System genau umgekehrt verhält, ist bildungspolitische Realität: Je höher das Alter der Leute, die unterrichtet werden, desto höher das Gehalt ihrer Lehrer und Lehrerinnen. Das ist, vorsichtig formuliert, ein Systemfehler. Dass es wie gesagt ums liebe Geld allein nicht geht, verdeutlichte Barbara Tinhofer von der Aktion »Kindergartenaufstand« in einem Interview mit dieStandard.at: »Mit kleinen Gehaltsaufbesserungen« als Zeichen des Goodwills vonseiten der Politik, so die Kindergartenpädagogin, sei es nicht getan. Langfristig müsse »das System Kindergarten als solches umgekrempelt« werden. »Und das Mütterbild gleich dazu.«

Was es nach Meinung Barbara Tinhofers mit dem »Mütterbild« in Bezug auf Kinderpädagogik auf sich hat, lässt sich unter ihrem Namen googeln. Ganz allgemein gilt jedenfalls, dass sich Mutterbild und Vaterbild in den letzten Jahrzehnten dramatisch verändert haben – mit unübersehbaren Folgen für die Schule und die darin arbeitenden Lehrerinnen. Wer jetzt glaubt, man würde dieser Veränderung mit dem Bild eines »neuen Mannes« gerecht, der Haushalt und Kinder schaukelt (oder wenigstens seiner Lebensabschnittspartnerin dabei hilft), während diese eine Karriereleiter hinaufsteigen kann, verkennt die Realität. Es sind nach wie vor die Mamis, die neben Haushalt und Job auch noch das Schulleben ihrer Kinder schaukeln. Und es sind nach wie vor die Papis, die du als Lehrerin nur ausnahmsweise zu sehen kriegst. Fraglos geht die völlige Unterwerfung unserer Gesellschaft unter die Logik des Erwerbssystems vor allem einmal auf Kosten der Kinder.

– *Und? Was werdet ihr zu Ostern unternehmen? (Pause) Ich meine außer Fernsehen und am PC. (Pause) Niemand? Macht ihr alle – nichts? (Pause) Jennifer, du zum Beispiel. Deine*

Mutter hat mir in der Sprechstunde erzählt, dass ihr jetzt ein neues Auto habt. Da werdet ihr ja vielleicht über die Feiertage irgendwo hinfahren.

- *Meine Mutter muss arbeiten. Aber ich kann sie eh oft anrufen.*
- *Anrufen? Wie kommst du jetzt auf anrufen?*
- *Im Callcenter, wo sie jetzt arbeitet.*
- *Deine Mutter arbeitet jetzt in einem Callcenter? Und das während der Feiertage?*
- *Sie sagt, sie muss, sonst können wir das Auto gleich wieder verkaufen.*

Wehe, du kritisierst als Lehrerin eine solche Entwicklung! Was musste ich nicht Ohrfeigen (in Form wütender Leserinnen-Mails und -Briefe) dafür einstecken, dass ich einmal im »Standard« über »Miese Mütter« polemisiert habe. »Glattauer, du Neandertaler!« gehörte noch zu den netteren Kommentaren. Was ich kritisierte, war: Job geht heute leider vor Kind. Mittlerweile auch bei den Müttern. Wörtlich schrieb ich:

> *Das redliche Bemühen der Sozialdemokratie, die Frauen durch Änderungen in der Arbeitsmarktpolitik weg vom Herd und damit aus dem gesellschaftlichen Abseits zu holen, hat diese in Wahrheit leider auch noch ins berufliche Abseits geführt, und dies, ohne dass sie ihre Hauptrolle am Herd deswegen losgeworden wären. Mit offensichtlicher Wirkung: Frauen sind ungeliebt am Arbeitsmarkt, psychisch und physisch überbelastet und in der Folge noch miesere Mütter. (...) Als Lehrer bin ich zu dem Thema auf eine einfache Formel gestoßen: Je mehr miese Mütter, desto mehr miese Schüler, die einem das Leben schwer machen. Schon aus Gründen der Selbsterhaltung bin ich also für das umgehende Angehen von Lösungen.*

Gut, das war unfair. Ich hätte dem berechtigten Anspruch der Frauen auf selbst verdientes Geld und eine menschenwürdige Performance in einem männerdominierten Erwerbssystem auch offenen Respekt entgegenbringen können. Als Lehrerin fühle ich mich derzeit aber nun einmal für eine andere Baustelle zuständig. Hunderte andere, wenn ich an all die Kinder denke, die mir – live oder aus Berichten von Kolleginnen – schon unterkommen sind.

Weniger übrigens die an meiner eigenen Schule, denn diese ist das, was gewisse Eltern mit gewissen Vorstellungen von Schule hinter vorgehaltener Hand verächtlich eine »Ausländer-Schule« nennen, und da gelten punkto Familienleben andere Gesetze (davon in späteren Kapiteln). Nein, ich spreche von den seelischen Baustellen an den vielen Schulen landauf, landab, Schulen mit blonden, blauäugigen Kindern und Eltern, die kaum noch Zeit für sie haben. Und in der vorhandenen Zeit dann die Nerven nicht, um ihren Job als Eltern zufriedenstellend erledigen zu können.

Psychologen und Soziologen nennen das, was daraus resultiert, die »emotionale Eiszeit zwischen den Generationen«. Eine Kollegin formulierte das so: »Da wächst eine Generation von Kindern heran, die sich von ihren Eltern nichts mehr sagen lässt, kein Wunder, wenn man Kindern ununterbrochen das Gefühl gibt, dass das Wichtigste an ihnen ihr Betreuungsplatz ist.«

Ich ergänze: und ein funktionierendes Handy. »Handys machen krank!«, liest man so oder so ähnlich immer wieder, und gemeint ist in der Regel die Strahlenbelastung. Aber Handys können auch noch anders krank machen, Handys können Beziehungen krank machen.

Manche Kinder scheinen mit ihrer Umwelt überhaupt nur noch per Handy zu kommunizieren. Der erste Griff nach Unterrichtschluss ist der zum Mobiltelefon. SMS von der besten Freundin, SMS von der zweitbesten Freundin, ein versäumter Anruf von Papa, der sein Kind an diesem Freitag *eigentlich* von der Schule abholen wollte, aber jetzt im Stau steckt: Die Lehrerin sieht es am Gesicht.

- *Stimmt etwas nicht? (Pause) Du, wenn das eben dein Papa war ... er soll bitte kurz zu mir heraufkommen, ich würde gern ein paar Worte mit ihm sprechen.*
- *Er kommt vielleicht nicht.*
- *Du hast doch heute früh gesagt, er holt dich ab.*
- *Er kann vielleicht doch nicht.*
- *Hat er dir das gerade eben gesagt?*
- *Nein, seine Sekretärin.*

Ist schon komisch, das Handy stellt Verbindungen her, wie wir uns das noch vor 15 Jahren nicht hätten ausdenken können, und gleichzeitig macht es Verbindungen kaputt. Zum Beispiel die zwischen Eltern und ihren Kindern, wenn nur noch über das Handy miteinander kommuniziert wird. Manche Eltern reagieren darauf mit einer merkwürdigen Form von Kompensation. »Generation Rücksitz« nennen Trendforscher jene Kinder, die von ihren Eltern ununterbrochen hin und her chauffiert werden, mit dem Auto in die Schule, mit dem Auto zum Flötenunterricht, mit dem Auto zum Sport, zum Kindergeburtstag und drei Stunden später wieder zurück. Oberflächlich betrachtet sind diese Kinder privilegiert, weil sich scheinbar jemand um sie kümmert, in Wahrheit werden sie von ihren Eltern unentwegt von deren Lebensmittelpunkten weg chauffiert.

Prof. Horst W. Opaschowski ist wissenschaftlicher Leiter der »BAT-Stiftung für Zukunftsfragen«. Er untermauert die Theorie von der »emotionalen Eiszeit zwischen den Generationen« mit

Zahlen. In Deutschland wollen bereits 43 Prozent aller Männer zwischen 18 und 39 keine Familie mehr gründen. Die am häufigsten genannte Begründung: »Meine persönlichen Freizeitinteressen sind mir wichtiger als Ehe und Kinder.« Der Anteil der Bevölkerung, der »Kinderfeindlichkeit als größte Zukunftssorge« bezeichnet, habe sich in den letzten acht Jahren fast verdoppelt (1999: 22 %; 2003: 33 %; 2007: 40 %). Dies gehe aus Repräsentativumfragen hervor, in denen jeweils 2.000 Personen ab 14 Jahren nach ihren Zukunftssorgen – Sorgen! – befragt wurden. Prof. Opaschowski warnt: »Eine Eiszeit in den mitmenschlichen Beziehungen können wir uns nicht leisten. Wir brauchen eine Verantwortungsgesellschaft, in der man wieder mehr Verantwortung füreinander trägt.« Die sich in den letzten Jahren häufenden Fälle von Verwahrlosung von Kindern stellen nach Ansicht des Zukunftsforschers keine zufällige Augenblicksaufnahme dar: »Die Vorgänge deuten auf einen grundlegenden sozialen Klimawandel hin. Kinderfreundlichkeit und menschliche Wärme gehen in kinderarmen Zeiten zusehends verloren.«

Als Lehrerin siehst du die Reste menschlicher Wärme vor deinen Augen verpuffen. Und manchmal kannst du dazu nur noch lachen: Ein heißer Sommertag. Milan bietet sich an, die Fenster der Klasse zu öffnen. Er fragt, nachdem er aufgezeigt hat. Das allein ist so auffällig, dass das Gemurmel in der Klasse verstummt.

– *Wie meinst du das, Milan? Wie du siehst, sind die Fenster eh alle gekippt.*
– *Ich kann sie ganz aufmachen.*
– *Das geht nicht. Du weißt, die Fenster dürfen bei uns nur gekippt werden, und darum kann man auch gar nichts anderes mit ihnen machen, als sie zu kippen. Leider.*

Als Antwort streckt Kevin ein glitzerndes Ding in die Höhe.

- *Wo hast du denn das her, Kevin?*
- *Von meiner Mutter. Die hat jetzt zwei.*
- *Aha. Und wozu verwendet deine Mutter so etwas?*
- *Manchmal macht sie damit die Wohnung von der Oma auf. (Pause) Nachschauen, ob der Opa schon tot ist.*

Wenn einmal das Handy ausgeschaltet ist, gibt es da oft nur noch dieses große Schweigen. Von ihren eigenen Eltern werden österreichische Kinder mittlerweile weniger oft angesprochen als von der Werbung. Einer UNICEF-Studie[19] zufolge beklagt jedes zweite 15-jährige Kind in Österreich (52 Prozent), dass seine Eltern nicht genug mit ihm sprechen. In dieser »Wohlfühl-Studie« liegt Österreich unter 25 abgefragten OECD-Ländern als viertschlechteste Nation auf Platz 22. Nur in Kanada, Island und Deutschland (als Schlusslicht) fühlen sich die Kinder noch unwohler als bei uns. Die meiste Zufriedenheit mit ihren Eltern haben übrigens ungarische Kinder, gefolgt von italienischen und den finnischen.

AYRAN STATT SCHULMILCH

Von echten und unechten Österreichern

Weil bis jetzt hauptsächlich von Kevins, Patricks, Renés, Jacquelines und Sabrinas die Rede war – das täuscht.

Zwei Wochen lang hatte sich die Wiener KMS-Lehrerin nach Schulbeginn um die Vervielfältigung einer endgültigen Klassenliste herumgedrückt, in der bangen Befürchtung, die Prognose ihres Direktors würde sich noch bewahrheiten, wonach sie heuer eine »kulturell stark durchmischte« Klasse zu erwarten hätte. Zum Glück hatte sie sich umsonst gefürchtet, bis Mitte September war kein ethnisch-kultureller Stilbrecher aufgetaucht, in der Klasse, 5. Schulstufe, bot sich eine fast schon idyllisch zu nennende kulturelle Homogenität: Gülüzah, Metin, Sabid, Hassan, Betimad, Grizda, Verica, Smaja, Zivka, Danko, Sanela, Catharin, Otto, Hadice, Bilor, Janta, Mohammed, Branislava, Sladjan, Lenka, Nebosja, Ruzica, Halit, Arzu, Biljana, Rustem, Susanna, Nadica: So lauteten die Vornamen auf der Elternliste ihrer Schülerinnen, keinen ausgelassen, keinen vergessen. Damit wurde die Lehrerin einige Sorgen schon gleich einmal los. Erstens: Original Kärntner Volkslieder für die Vorweihnachtszeit würde sie der neuen, jungen Musiklehrerin heuer nicht zu kopieren brauchen, denn die einen singen lieber die Hymnen von »Partizan« als solche auf den Advent, die anderen kennen diesen naturgemäß gar nicht. Zweitens: Für den Deutschunterricht würde meine Kollegin die Arbeitsblätter ihrer Enkelin aus dem Kindergarten verwenden können. Das heißt, abgesehen von den Gedichten, denn diese verstehen ihre Schüler schon seit Jahren nicht mehr ...

Bei dem Stichwort Gedicht fällt mir ein, dass der »Standard« den Sommer vor drei Jahren mit sogenannten »Wurfgedichten« ausklingen hatte lassen. Eines davon stammte von dem inzwischen verstorbenen »Nestroy«-Preisträger Gert Jonke und ging so:

Es wird Herbst.
Es wird Herbst / Man fürchtet sich vor Kastanien / und anderen Früchten / die aus den Bäumen fallen.

Dieses Gedicht hatte mir insofern besonders gut gefallen, als ich in sensiblen Stunden ganz ähnliche selbst verfasse. Eines meiner Herbstgedichte geht so:

Herbst.
Es wird Herbst / Es riecht nach Kartoffelpuffer mit oder ohne Knoblauch / Der Wind geht / Die Nächte gehen nicht weg/ Und wir schreiben die ersten »Nicht genügend« unter die Deutsch-Schularbeiten unserer lieben Kleinen von fern und nah.

Das heißt, die meisten mir bekannten Kolleginnen malen mehr oder weniger groß (und mehr oder weniger signalrot) die Ziffer 5 unter die letzte Zeile von was auch immer, statt mit dem Kurztext »Nicht genügend« unnötig sprachliche Verwirrung zu stiften. Darüber hinaus wird ein persönliches »Elterngespräch« vereinbart. Dafür sorgt die Lehrerin im Rahmen des vorhin bereits erwähnten »Frühwarnsystems«, mit dem verhindert werden soll, dass Mamis und Papis aus allen Wolken fallen, wenn sich das Schuljahr anders dem Ende zuneigt, als sie sich das vorgestellt haben.

- *Milena hat jetzt auch auf die zweite Deutsch-Schularbeit einen Fünfer bekommen ... (Pause) Sie wissen, was das bedeutet?*
- *Nix kriagta mehr neiche Handy.*
- *Das wäre ein ... äh ... Anfang, aber ...*
- *Und da Papa wirda schlogn, wenna kummt ham von Arbeit.*
- *Nein, nein, Frau Zaric, so schlecht war die Schularbeit ja auch wieder nicht. Wenn man bedenkt, dass Sie ja erst seit ein paar Jahren in Österreich ...*
- *Isa da geboren.*

Als ich unlängst der Einladung von Ö1 zu einem Symposium ins Wiener Radiokulturhaus folgte, stellten dort kluge Köpfe mehrere Stunden lang die Frage in den Raum, ob der deutschen Sprache migrationsbedingt der Niedergang drohe. Gemeint war damit der in meinen schulischen Breiten sogenannte »Misch-Masch-Sprech«, eine von Zuwandererkindern praktizierte Mutationssprache, die in der Sprachwissenschaft unter dem Begriff »doppelter Semilingualismus« bekannt ist. Dabei switchen Kinder unentwegt zwischen einer rudimentär erhaltenen Muttersprache, in die Begriffe der Zweitsprache eingestreut werden, und, umgekehrt, nicht korrekt erlernter Zweitsprache, gespickt mit Begriffen der Muttersprache, hin und her. Dies geschieht nach schwer nachvollziehbaren Regeln, eher einer emotionalen denn einer geregelten Syntax folgend, und verhindert den Erwerb sprachlicher Kompetenz in jeder der beiden Sprachen. So ist es eines der erklärten Ziele von »Muttersprachenunterricht«, Kindern den Gebrauch von Misch-Masch-Sprech abzugewöhnen.

Yilmaz Göksel, 42, promovierter Politikwissenschaftler, arbeitet seit vier Jahren als Muttersprachenlehrer. Er sagt: »Statt die Sprachen zu mischen, sollen die Kinder lernen, zwischen den Sprachen zu pendeln.« Und er erklärt: »Wenn Kinder ihre

Muttersprache nicht beherrschen, wenn sie mit dem Vokabular nicht vertraut sind, dann nehmen sie die Fremdsprache, in diesem Fall Deutsch, als Hilfe dazu. Das Kind glaubt dann, aha, ich kann sowohl meine Muttersprache als auch Deutsch. Das täuscht dem Kind etwas vor, was nicht ist. Irgendwann haben die Kinder ihre Muttersprache verloren – und Deutsch nicht dazugewonnen.«

Nena ist Österreicherin. Sie besitzt die österreichische Staatsbürgerschaft. Sie ist in Österreich geboren.

- *Und wie hast du das Wochenende verbracht, Nena?*
- *Ich war Lugna.*
- *Du meinst, du warst am Wochenende in der Lugner-City.*
- *Nein.*
- *Wie nein?*
- *Ich war mit alle.*
- *Aha, du bist mit Freundinnen und Freunden in der Lugner-City gewesen.*
- *Nein.*
- *Also was jetzt?*
- *Ich war mit Bruder und andere Bruder und Schwester und Mama und Papa und …*
- *Familie heißt das.*
- *Ja.*
- *Und gab es einen besonderen Anlass für euch, in die Lugner-City zu gehen? Ich meine, wart ihr im Kino? Oder gab es eine Autogrammstunde oder …*
- *Welche Stunde?*
- *Vergiss es. Warum wart ihr Lugna?*
- *An Samstag gemma imma Lugna.*

Bis zum Jahr 2050, prognostizierten die Experten im weiteren Verlauf des oben angesprochenen Seminars, werde Deutsch zu einer »Freizeitsprache« verkommen sein und würden sich die globalen Verkehrssprachen auf Englisch, Arabisch, Mandarin, Spanisch, Hindu und Urdu reduziert haben. Und das, wie einhellig beklagt wurde, wo heute mehr Menschen muttersprachlich Deutsch sprechen als je zuvor, nämlich 80 Millionen.
Leider nicht in unseren Klassen.

In der – bemerkenswerten – Diplomarbeit einer Magistra der Philosophie an der Universität Wien[20] las ich Folgendes:

> *Schulen in Wien sind ein Spiegel der multikulturellen Gesellschaft. Sie zeigen die Situation der Chancenungleichheit zwischen verschiedenen Bevölkerungsgruppen, die sich in den letzten Jahren weiter verschärft hat. Klassen setzen sich aus SchülerInnen zahlreicher unterschiedlicher Länder, Muttersprachen und Religionsbekenntnisse zusammen. Im Schuljahr 2007/08 besuchten in Wien 12.654 Kinder ausländischer Herkunft die Volksschule. Das sind 20,4 Prozent der gesamten SchülerInnenzahl dieser Schulstufe. Der Anteil der SchülerInnen »mit nicht-deutscher Umgangssprache« im selben Vergleichsrahmen war höher und lag bei 49,3 Prozent. In den Hauptschulen Wiens machten ausländische SchülerInnen 28,5 Prozent aus, während nur 9,5 Prozent der GymnasiastInnen nicht über die österreichische Staatsbürgerschaft verfügten. Der Anteil von Jugendlichen in Hauptschulen, die eine andere Umgangssprache als Deutsch haben, liegt in Wien durchschnittlich bei 59,1 Prozent. In allgemeinbildenden höheren Schulen macht er nur 27,3 Prozent aus. SchülerInnen mit Migrationshintergrund, vor allem türkischer, bosnischer, kroatischer oder serbischer Erstsprache, sind in Sonder-, Haupt- und polytechnischen Schulen überrepräsentiert, während sie in höheren Schulen (AHS und BHS) deutlich unterrepräsentiert sind. Nur*

ein Drittel der HauptschulabgängerInnen geht in weiterbildende höhere Schulen, die zur Matura führen, und vermutlich beginnen noch weniger dieser Personen nach dem Schulabschluss ein Studium.

Die Ungleichheiten bezüglich Bildungs- und Berufsmöglichkeiten zwischen österreichischen Kindern und Kindern ausländischer Herkunft sind anhand dieser Zahlen nicht zu übersehen. Letztere gehören meist ArbeiterInnenfamilien an, die sozial schwächer gestellt sind. (...) Dieser Faktor wirkt in Österreich so stark, dass in diesem Zusammenhang beinahe von einer Bildungsvererbung gesprochen werden kann, die die soziale Mobilität stark einschränkt. In einer vergleichenden Studie hat Iannelli (2002) festgestellt, dass in Österreich nur ein Viertel der Jugendlichen zwischen 15 und 35 Jahren BildungsaufsteigerInnen sind, das heißt beim ersten Verlassen des Bildungswesens ein höheres Bildungsniveau erreichen als ihre Eltern. Bei MigrantInnenkindern wird zum Teil ein »Passungsproblem« zwischen der Herkunftskultur (konzipiert als Nationalkultur) und den Anforderungen des österreichischen Bildungssystems konstatiert. Damit wird die ethnische Herkunft von SchülerInnen problematisiert. Andere Ansätze führen die niedrigen Bildungschancen auf die häufige Zugehörigkeit von SchülerInnen mit Migrationshintergrund zu sozial benachteiligten Schichten zurück. Die Sozialisationsbedingungen sind in diesen Situationen durch defizitäre Ressourcenausstattung (beengte Wohnverhältnisse, mangelnde Lernmöglichkeiten, geringere Bildung oder Berufstätigkeit der Mütter etc.) für die Bildungskarrieren der Kinder und Jugendlichen hinderlich. Auch die Wohnsituation in Gebieten mit starker ethnischer Konzentration wird als Ursache für Bildungsnachteile diskutiert. Geringe Kontaktmöglichkeiten zur Mehrheitsbevölkerung führen zur Reduzierung von Lerngelegenheiten der deutschen Sprache. Dies wird auch in Bezug auf Klassenzusammensetzungen thematisiert.

Themen wie Mehrsprachigkeit und kulturelle Heterogenität sind Schwachstellen in der österreichischen Schulpraxis, obwohl zumindest drei wichtige Rahmenbedingungen seit den 1990er-Jahren gesetzlich verankert sind: (1) die Förderung des Erwerbs der Landes- und Unterrichtssprache, (2) die Förderung der Erstsprache und (3) das Unterrichtsprinzip »interkulturelles Lernen«. Dies zeigt sich auch darin, dass es kaum Studien und Analysen dieser Unterrichtsprinzipien und ihrer Umsetzung in der Praxis gibt. Die Umsetzung hängt anscheinend vom Interesse und Engagement des/der jeweiligen Lehrers/in ab und auch das einschlägige Fortbildungsangebot ist nicht verpflichtend und mangelhaft.

Ist dem etwas hinzuzufügen? Nein. Oder ja. Haben Sie den einen Satz eh nicht überlesen: »Der Anteil von Jugendlichen in Hauptschulen, die eine andere Umgangssprache als Deutsch haben, liegt in Wien bei durchschnittlich 59,1 Prozent.« Und das ist für unsereiner noch graue Statistik. In der Praxis kann das nämlich so aussehen: SchülerInnenstandsausweis der KMS Schopenhauerstraße, der einzigen öffentlichen Hauptschule in Wiens Nobelbezirk Währing, nach Staatsbürgerschaften. Stichtag der Erhebung: 5. Juni 2009. Wer im Lesen von Statistiken nicht geübt ist – oder keine Lust dazu hat: Die Spalte rechts außen zeigt, in welcher Klasse wie viele Prozent der Schülerinnen und Schüler nicht die österreichische Staatsbürgerschaft besitzen.

Klasse	Schüler	davon AO[21]		Österreichisch		Jugoslawisch		Türkisch		andere		nicht österr. ges.	
	Anzahl	Anz.	%	Anz.	%	Anz.	%	Anz.	%	Anz.	%	Anz.	%
1A	19	1	5,3	6	31,6	9	47,4	2	10,5	2	10,5	13	68,4
1B	20	4	20,0	0	0,0	10	50,0	5	25,0	5	25,0	20	100,0
2A	21	4	19,0	7	33,3	6	28,6	2	9,5	6	28,6	14	66,7
2B	20	1	5,0	8	40,0	10	50,0	2	10,0	0	0,0	12	60,0
2C	20	6	30,0	8	40,0	3	15,0	2	10,0	7	35,0	12	60,0
3A	24	2	8,3	9	37,5	7	29,2	4	16,7	4	16,7	15	62,5
3B	30	6	20,0	15	50,0	8	26,7	3	10,0	4	13,3	15	50,0
4A	24	1	4,2	14	58,3	3	12,5	3	12,5	4	16,7	10	41,7
4B	23	1	4,3	5	21,7	11	47,8	4	17,4	3	13,0	18	78,3
4C	22	5	22,7	12	54,5	1	4,5	3	13,6	6	27,3	10	45,5
4D	20	1	5,0	15	75,0	0	0,0	1	5,0	4	20,0	5	25,0
ges.	243	32	9,7	99	40,7	68	28,1	31	9,4	45	18,5	144	59,3

Noch mehr *hm* fühlst du dich als Deutsch-Lehrerin nur noch, wenn du dir eine solche Auflistung nicht nach Staatsbürgerschaften, sondern nach »Muttersprachen« geordnet anschaut.

Klasse	Schüler	davon AO		Deutsch		Jugoslawisch		Türkisch		Polnisch		Albanisch		andere		nicht Deutsch	
		Anz.	%	Anz.	%	Anz.	%	Anz.	%	Anz.	%	Anz.	%	Anz.	%	Anz	%
1A	19	1	5,3	1	5,3	13	68,4	3	15,8	0	0,0	0	0,0	2	10,5	18	94,7
1B	20	4	20,0	0	0,0	9	45,0	4	20,0	0	0,0	1	5,0	6	30,0	20	100,0
2A	21	4	19,0	2	9,5	9	42,9	3	14,3	0	0,0	2	9,5	5	23,8	19	90,5
2B	20	1	5,0	0	0,0	9	45,0	7	35,0	0	0,0	3	15,0	1	5,0	20	100,0
2C	20	6	30,0	4	20,0	3	15,0	5	25,0	0	0,0	1	5,0	7	35,0	16	80,0
3A	24	2	8,3	3	2,5	8	33,3	7	29,2	0	0,0	1	4,2	5	0,8	21	87,5
3B	30	6	20,0	2	6,7	15	50,0	6	20,0	1	3,3	0	0,0	6	20,0	28	93,3
4A	24	1	4,2	6	25,0	6	25,0	7	29,2	0	0,0	0	0,0	5	20,8	18	75,0
4B	23	1	4,3	1	4,3	10	43,5	5	21,7	1	4,3	1	4,3	5	21,7	22	95,7
4C	22	5	22,7	2	9,1	7	31,8	4	18,2	2	9,1	0	0,0	7	31,8	20	90,9
4D	20	1	5,0	5	25,0	3	15,0	5	25,0	1	5,0	0	0,0	6	30,0	15	75,0
ges.	243	32	9,7	26	10,7	92	37,9	56	23,0	5	2,1	9	3,7	55	22,6	217	89,3

Fast 90 Prozent (89,3 %) aller Schülerinnen und Schüler an dieser Schule haben also eine andere Muttersprache als Deutsch. Da wirst du als Wiener Pflichtschullehrerin polemisch. 1) Was läuft falsch, dass du die 80 Millionen Deutschsprachigen, die es in unseren Breiten angeblich geben soll, nur noch im Fernseher siehst? 2) Bist du seinerzeit eigentlich Hauptschullehrerin ge-

worden oder Deutschnachhilfelehrerin für Zuwandererkinder? 3) Und stellst du dir als Lehrerin die Fragen 1) und 2), weil du etwas gegen Zuwandererkinder hast? Antwort: Nein. Hast du natürlich nicht. Du magst und schätzt das zugewanderte Kind genauso sehr wie jedes andere. Aber du sieht, dass man dem zugewanderten Kind (oder dem Kind zugewanderter Eltern) einfach nichts Gutes tut, wenn es seine Vormittage wieder nur unter zugewanderten Kindern oder Kindern zugewanderter Eltern verbringt – und die Nachmittage in Parks, in denen inzwischen sogar die Tauben Türkisch oder Serbisch sprechen.

Übrigens: Der mathematisch begabten Leserin mag aufgefallen sein, dass in den oben gezeigten Tabellen nur zwei erste, aber vier vierte Klassen angeführt sind. Die traurige Wahrheit hinter der wundersamen Vermehrung: Aus Gymnasien und Privatschulen »fliegen« so viele Schüler, dass eine einzige Schule zwei zusätzliche Klassen damit aufmachen kann. Aufgefüllt wird dann noch mit sogenannten »außerordentlichen Schülern«, vulgo solchen, die als frische Zuwanderer noch nicht Deutsch können. Auch die landen – unabhängig von ihren kognitiven Fähigkeiten – automatisch in unseren Hauptschulen ...

Du siehst es als Lehrerin. Du sagst es als Lehrerin. Aber keiner hört dir zu. Im Gegenteil, sie schauen dir seelenruhig dabei zu, wie du einfach nicht schaffen kannst, was sie von dir verlangen, solange sie die Hardware nicht ändern: die Wohnpolitik, die Migrationspolitik, die Arbeitsmarktpolitik.

Bevor es jetzt wieder Beifall von der falschen Seite geben sollte: »Heimische« Zustände sind für die Lehrerin bei Gott nicht immer himmlische Zustände! Schauplatzwechsel an eine Schule, die vornehmlich von vermeintlich deutschsprachig aufgewachsenen Kindern von vermeintlich deutsch sprechenden Eltern frequentiert wird. Menschen, wie man sie netto – das heißt ohne Hund und/oder Einkaufswagerl – gar nicht zu sehen kriegt. Sporadisch erscheinen solche Brutto-Eltern mit dem goldenen Wiener Herzen (um den Hals) in der Schule. Zum Beispiel dann, wenn sie von Amts wegen vorgeladen wurden, nachdem Herr Sohn drei Mal hintereinander zugedröhnt (Alkohol) zum Nachmittagsunterricht erschienen war. Anwesend also: Brutto-Vater und Brutto-Mutter im launigen Gespräch miteinander. In einer Nebenrolle: der Lehrer (Englisch, Klassenvorstand).

– *Schau da eam genau an, Mama. Ea vagunnt dem Buam sei Zü-Wossa net.*
– *Sein was bitte?*
– *Mit dia redt kana, Scheksbier.*
– *Shakespeare?*
– *I hob gsogt, mit dia redt kana. (Pause) Zerscht mochn's die Kinda fertich, daassa se niacht nimma in d Schui traun, und donn kennan mia aa no antonzt kumman. Ois hätt ma daham nix Bessas ztuan, göh Mama (hahaha) …*
– *Aber, Alkohol …*
– *Hob i gsogt, daas du redn derfst? (Pause) I wer da wos sogn, Scheksbier, wann du dei Schuimüch dringn wüst, drings. Oba loss in Buam in Rua, solong a sunst nix ostöht. (Pause) Und jetzt gemma, Mama, bevur i de Kawln kriag.*[22]

Was ich sagen will: Eigentlich kann man es sich als Wiener Pflichtschullehrerin durch einen Wechsel an eine sogenannte »Ausländerschule« eh nur verbessern.

Okay, es gibt sie also: Menschen mit Migrationshintergrund. Allerdings nervt es mich, dass Kinder in Österreich zunehmend nur noch durch dieses Raster betrachtet werden. Es gibt auch Menschen mit Brillen und solche ohne. Es gibt Menschen, die zu den Pfadfindern gehen, und andere, die ihre wahren Freunde lieber auf »Facebook« nicht finden. Du kannst Menschen in alles Mögliche teilen und trennen, und wenn da sonst nichts mehr ist, dann in Männer und Frauen. Ich bin also guter Hoffnung, dass sie eines Tages damit aufhören werden, immer nur die Ausländer-Karte zu spielen, wenn sie Menschen und deren Kinder voneinander unterscheiden wollen – und in Wirklichkeit ihre gesellschaftspolitischen Versäumnisse damit kaschieren.

Bis dahin – und gerade deswegen – gibt es ein paar gute Gründe, sich die Fakten in Bezug auf »Chancengleichheit und Chancengerechtigkeit im österreichischen Schulsystem« genauer anzuschauen. Punkt 1: Obwohl österreichweit nur jedes fünfte Kind eine nicht-deutsche Muttersprache hat, kommen bereits in der Volksschule fast 52 Prozent der Sitzenbleiber aus dieser Gruppe.[23] Punkt 2: An diesem Missverhältnis ändert sich in Haupt- und Sonderschulen so gut wie gar nichts. Der kompensatorische Effekt einer gesamten Schullaufbahn ist also gleich null. Punkt 3: In der Oberstufe der Gymnasien existiert diese Gruppe gar nicht mehr. Als gäbe es ab einer bestimmten Schulstufe nur noch »waschechte« Österreicher.

Entsprechend dramatisch der Lagebericht der OECD zur »Bildung der Migranten«, zusammengefasst von Rüdiger Teutsch, dem zuständigen Abteilungsleiter im Bildungsministerium im Rahmen einer Veranstaltung des »Paulo-Freire-Instituts« im Februar 2010:

- *Im Vergleich zu österreichstämmigen Mitschülern verzeichnen Schüler mit Migrationshintergrund auf allen Ebenen schwächere Bildungserfolge.*
- *Die frühe Trennung der Kinder in Hauptschule und AHS-Unterstufe führt dazu, dass schwächere Schüler in »niedrigere« Schultypen abgeschoben werden, statt dass das Bildungssystem die Verantwortung für eine Verbesserung ihrer Leistung*

übernimmt. Ein Resultat sind »Ausländer-Schulen« mit einem Anteil von muttersprachlich nicht deutsch sprechenden Kindern von bis zu 100 Prozent!

- *Gerade solche Schulen werden ausschließlich halbtags geführt. Die Kinder verbringen also vergleichsweise wenig Zeit in der Schule, was, wenn überhaupt, nur durch einen verstärkten Einsatz der Eltern beim Bildungserfolg ausgeglichen werden könnte – bei Kindern mit Migrationshintergrund in der Regel aber nicht erfolgt.*
- *In Summe verbringen Migrantenkinder weniger Zeit damit, ihre sprachlichen, kulturellen und sozialen Kompetenzen zu entwickeln. Ein Wechsel an eine AHS passiert nur im Ausnahmefall.*
- *Die Sozial- und Familienpolitik Österreichs setzt Anreize für Eltern, daheim bei ihren Kindern zu bleiben, anstatt sie in eine frühkindliche Bildungseinrichtung zu schicken. Konsequenz ist die niedrige Kindergarten- bzw. Krippenbesuchsquote von Kindern zwischen ein und drei Jahren bzw. von Kindern aus niedrigeren sozialen Schichten. Zwar wird das neue verpflichtende Kindergartenjahr die Situation verbessern, allerdings muss man benachteiligten Kindern bereits früher helfen. Der verpflichtende Besuch von Betreuungseinrichtungen für Kinder mit Sprachproblemen ist anzudenken.*
- *Österreich braucht dringend mehr LehrerInnen mit Migrationshintergrund. Derzeit spiegelt sich die wachsende kulturelle Heterogenität bei den Schülern nicht im Lehrkörper wider. So beträgt der Anteil von Schülern mit nicht-deutscher Muttersprache über alle Schulen gerechnet 16 Prozent, umgekehrt haben aber nur weniger als 3 Prozent aller Lehramtsstudenten eine andere Muttersprache als Deutsch. Die OECD rät daher dazu, mehr Migranten in den Lehrberuf zu bringen und auch verstärkt Direktoren mit Migrationshintergrund zu bestellen.*

- *Überarbeitet werden sollten die Lehrpläne für Deutsch als Zweitsprache. Diese unterscheiden derzeit nicht zwischen Schülern, denen schon die einfachsten Deutsch-Kenntnisse fehlen, und solchen, die bereits relativ gut Deutsch sprechen.*

Inzwischen geben die Eltern mit »Migrationshintergrund« ihr Bestes. Oder das, was sie dafür halten. Elternsprechtag. Ivanas Mutter ringt verzweifelt ihre Hände:

– *Entschuldigung, Entschuldigung. Aber mein Mann zu Hause nur reden Serbisch mit Kind. Ich schimpfen: Reden Deitsch mit Kind. Sonst Kind nicht richtig lernen Deitsch.*

Wie reagiert die Lehrerin auf so etwas? Höflich oder ehrlich? Sagen müsste sie nämlich: »Gnädige Frau, exkulpieren Sie Ihren Gatten bitte umgehend und sprechen Sie selbst auch nur noch Serbisch mit Ihrem Kind. Deutsch lernt es durch Sie sowieso nicht. Aber dafür vielleicht ein wenig Serbisch. Und falls Sie hinsichtlich dieser Kompetenz auf Nummer sicher gehen wollen, schicken Sie Ivana in den Muttersprachenunterricht!« Sagen tut sie:

– *Alles roger, Frau Zaric, Ivana wird immer besser. Sie kennt auch schon ein paar Schlüsselbegriffe und …*
– *Was kennt?*
– *Was ich sagen will, Frau Zaric: Machen Sie sich keine Sorgen. Ivana ist ein sehr liebes Mädchen.*

Natürlich ist die Bildung der Eltern Teil des Problems. Die »Presse« berichtete über eine vom Institut für Höhere Studien (IHS) veröffentlichte Erhebung:

(...) Kinder von MigrantInnen bleiben deutlich öfter in der sozialen Schicht ihrer Eltern hängen als angestammt heimische Kinder. IHS-Chef Bernhard Felderer: »Das Problem ist darin zu sehen, dass 30 bis 40 Prozent der Zuwanderer auf niedrigstem Bildungsniveau die Reise nach Österreich antreten.« In Zahlen sieht das so aus: Von den hier lebenden erwerbstätigen Ausländern hat jeder Zweite nur einen Pflichtschulabschluss ohne Lehre, bei den Österreichern jeder Vierte. Nur zwei Prozent der aus dem ehemaligen Jugoslawien zugewanderten Menschen überschreiten die Grenze mit einem Hochschulabschluss. Bei Türken trifft das gar nur auf 0,5 Prozent zu. Felderer weiter: »Verfügen österreichische Eltern (ohne Migrationshintergrund) nur über einen Pflichtschulabschluss ohne Lehre, wird das auch bei 38 Prozent ihrer Kinder der Fall sein. Bei ausländischen Kindern ist das zu 61 Prozent der Fall.«

Noch so eine Zahl: Laut OECD-Bericht kämpfen europaweit 20 Prozent der 15-Jährigen mit Leseschwächen. Bei Kindern mit »Migrationshintergrund« sind es fast 80 Prozent. Alles fragt sich, warum? Dabei ist die Antwort leicht: Weil sie nicht lesen. Und zwar, weil schon ihre Eltern nichts lesen, und wenn, dann nicht in der Sprache des Landes, in dem sie leben. Nach meiner Einschätzungen misslingt das, was da an schulischer Integration misslingt (lassen wir diese Behauptung einmal so stehen), nicht bei den Schülern und deren Lehrerinnen, sondern bei den Eltern dieser Schüler. Und wenigstens dafür kann man die Lehrerin nur schwer verantwortlich machen. In erster Linie zeugen die Umstände vom Versagen einer Gesellschaft, die sich einst »Gastarbeiter« geholt hat, sie bis zum heutigen Tag behandelt wie »Fremd«-Arbeiter, und sich jetzt wundert, dass diese aus dem Fremden-Eck nicht herausfinden oder, sagen wir es ruhig, oft genug gar nicht herauswollen. Auch das muss ja einmal gesagt werden: Wenn ich aus Polen nach Kanada auswandere, weil ich Kanadier werden will, dann ist das eine Sache. Aber wenn ich von dortunddort nach Österreich arbeiten komme, damit ich schneller das Geld beisammen habe, das ich brauche, um mir »zu Hause« mein Haus fertig bauen zu können, dann ist das eine andere Sache. Keine grundsätzlich böse, wohlgemerkt, aber Lebensabschnittsauswanderer können eben nur schwer über den Kamm nachhaltiger Integration geschoren werden. Apropos: In dem (Miets)-Haus, in dem ich zurzeit wohne, sind gleich drei (von acht) Wohnungen mit Lehrerinnen und Lehrern der hoch renommierten Wiener »American School« belegt. Auch ein Fall von Österreich auf Zeit. Glauben Sie etwa, einer von diesen spräche mich auf Deutsch an, wenn wir einander im Stiegenhaus begegnen? Ich hab's probiert – »nice try«, wie es so schön heißt:

- *Hi. How're you doing?*
- *Hi. Danke gut. Und Ihnen?*
- *?*
- *Sprechen Sie Deutsch?*
- *Pardon me?*
- *Do you speak German?*

Den Gesichtsausdruck der Lady hätten Sie sehen sollen!

Überhaupt sind es natürlich nicht nur solche, die schon da sind, die einem erfolgreichen Miteinander im Wege stehen. Auch solche, die kommen, tragen ihr Scherflein bei. Einmal erzählte mir eine Kollegin von ihren Erlebnissen im St.-Anna-Kinderspital, wo sie wegen einer asthmatischen Bronchitis ihres Babys vier Tage und drei Nächte verbringen musste, und zwar in einem Raum mit einem zweiten an asthmatischer Bronchitis erkrankten Baby sowie dessen Vater. Das hätte durchaus nett werden können: Beider Elternteile Wurzeln liegen im Bosnischen, man hatte also durchaus etwas gemeinsam. Leider nicht die Religion. Denn während meine Kollegin von lockerer Haltung ist, was die diversen Zugänge zum Himmelreich betrifft, entpuppte sich der junge Mann als praktizierendes Mitglied einer bosnisch-wahabitischen Glaubensbrüderschaft. Um es kurz zu machen: In den vier Tagen angewandter Zwangsmissionierung im Krankenhaus musste sich meine Kollegin hintereinander dafür rechtfertigen, 1) nicht ausschließlich nach Allahs Vorschriften zu Tode gekommenes Tier zu verzehren; 2) ihrem Sohn einen heiligen Namen gegeben zu haben (Jonas), ohne die betreffende Sure auswendig aufsagen zu können; 3) überhaupt erst ein Kind zu haben (und nicht bereits vier wie ihr Missionar); 4) das Darwin'sche Lügengespinst von der Evolution zu glauben; 5) als Frau zu widersprechen; 6) als Frau Auto zu fahren; 7) überhaupt sich als Frau in die Öffentlichkeit zu wagen.

Ihre Besuche konnte meine Kollegin ab dem zweiten Tag übrigens nicht mehr im Krankenzimmer empfangen, denn der freie Platz in der Mitte des Raums wurde für den Gebetsteppich gebraucht ...

Bezeichnend auch ein Bericht in der »Presse« über eine Schule in Wien-Meidling: In der Wiener Redaktion der türkischsprachigen Zeitung soundso sei es zu wütenden Proteststürmen von muslimischen Eltern gekommen, nachdem ihre Kinder in der Schule gezwungen worden wären, »Alkohol zu trinken und Schweinefleisch zu essen«. »Alkohol Pflicht« titelte die »Presse« minimalistisch und vergab damit die Chance auf »Pflichtfach Alkohol«, was eindeutig die bessere Zuspitzung gewesen wäre. Auf der Speis' statt auf dem Trank baute einen Tag später das Online-Portal »oe24« seine Story darüber auf: »Schnitzel für Moslems an Wiener Fachschule«. Wie sich dann aus den Texten ergab, handelte es sich bei diesem schulischen »Abu-Ghraib« um eine »Restaurant-Fachschule« und bei den Schülern um angehendes Küchen- und Servicepersonal für die heimische Gastronomie. Damit war mein Mitleid mit den Folteropfern schlagartig enden wollend: Wenn jemand mit Schweinefleisch nicht in Berührung kommen will, dann soll er es lassen, aber dann darf er eben in einem österreichischen Restaurant nicht Koch werden wollen. Aus.

In Deutschland hatte ziemlich genau vor einem Jahr ein Interview des langjährigen Berliner Finanzsenators und Vorstands in der Deutschen Bundesbank, Thilo Sarrazin, mit der Kulturzeitschrift »Lettre International« für Zündstoff gesorgt. In dem Gespräch hatte Sarrazin unter anderem mangelnde Integration vor allem von Türken und Arabern in Berlin kritisiert. Große Teile von ihnen seien »weder integrationswillig noch integrationsfähig«. Unter anderen sagte Sarrazin folgende Sätze:

- *»Ich muss niemand anerkennen, der vom Staat lebt, diesen Staat ablehnt, für die Ausbildung seiner Kinder nicht vernünftig sorgt und ständig neue kleine Kopftuchmädchen produziert ...«*
- *»Berlin ist belastet von zwei Komponenten: der Achtundsechzigertradition und dem Westberliner Schlamp-Faktor. Es gibt auch das Problem, dass 40 Prozent aller Geburten in der Unterschicht stattfinden. Hier werden Trends verstärkt sichtbar, die ganz Deutschland belasten ...«*
- *»Je niedriger die Schicht, desto höher die Geburtenrate. Die Araber und Türken haben einen zwei- bis dreimal höheren Anteil an Geburten, als es ihrem Bevölkerungsanteil entspricht. Große Teile sind weder integrationswillig noch integrationsfähig. Die Lösung des Problems kann nur heißen: Kein Zuzug mehr, und wer heiraten will, sollte dies im Ausland tun ...«*

- *»Wir müssen in der Familienpolitik völlig umstellen: weg von Geldleistungen vor allem bei der Unterschicht …«*
- *»Der Neuköllner Bürgermeister Buschkowsky erzählt von einer Araberfrau, die ihr sechstes Kind bekommt, weil sie durch Hartz IV dadurch Anspruch auf eine größere Wohnung hat …«*
- *»Jeder, der bei uns etwas kann und anstrebt, ist willkommen; der Rest sollte woanders hingehen …«*
  (Aus »Lettre International« 86)

Während Sarrazin nach einem öffentlichen Aufschrei zurückruderte und sich für seine nicht »gelungenen« Formulierungen entschuldigte, eilten ihm Glaubensbrüder wort- und beispielreich zu Hilfe. Und zwar aus den unterschiedlichsten Lagern. Einen in Hamburg mit Fragen der schulischen Integration befassten Sozialarbeiter hörte ich in einem Radio-Interview Folgendes sagen: Gewissen Menschen mit Migrationshintergrund sei die Bedeutung von Schule, Bildung und Karriere tatsächlich oft nur sehr schwer nahezubringen. Und als Beispiel führte er an: Kinder aus türkischen Familien würden regelmäßig nicht zur Schule kommen, »nicht selten nur deswegen, weil zu Hause ein Bruder oder eine Schwester krank im Bett liegt«. Über das Wörtchen »nur« in diesem Satz ließe sich streiten. Das »Österreichische Jugendrotkreuz«, das wohl nicht im Verdacht steht, die moralische Unterwanderung des Abendlands betreiben zu wollen, kampagnisierte in seinem früheren Lehrermagazin »Arbeitsblätter« jahrelang für eine stärkere Betonung menschlicher Werte gegenüber dem Leistungsprinzip. So gesehen wäre brüderliche Krankenbetreuung auf Kosten schulischer Anwesenheit eine durchaus lässliche Sünde. Wenn es sich nur so verhielte …! Lehrerinnen können Lieder von den triftigen Gründen für schulisches Fernbleiben singen. Ehrlichkeit ist dabei selten.

Kommt aber vor: Entschuldigung für Kevins Fernbleiben durch Kevins Mutter im Mitteilungsheft:

> Mein Sohn konnte am 23.3.09 nicht in der Schule kommen. Weil er zu eine Schlägerei gehen musste. Ich bitte sie um die fehlenden Stunden zu Entschuldigung.

In den mir bekannten heimischen Lehrerinnenzimmern wurden Sarrazins Äußerungen mehrheitlich wohlwollend aufgenommen. Und zwar wenig überraschend in allen politischen Lagern.

- *Ist ja auch wirklich wahr.*
- *Hat schon recht.*
- *Muss man schon sagen.*
- *Also bitte, meine Damen!*
- *Was's wiegt, das hat's.*
- *Du auch, Genossin?*
- *Hör mir auf mit Genossin, wenn es um die Schule geht!*
- *Aha.*

André Heller trat nach einem ähnlich gelagerten Aha-Erlebnis seinerzeit aus der SPÖ aus. Anlass sei, hieß es später, der Ausgang der letzten Nationalratswahl gewesen. Damals hatte jeder Vierte unter 30 blauäugig gewählt. Im »Standard« sah sich der Schriftsteller Franzobel angesichts des konstatierten »Rechtsrucks« der Jugend »nach einem Speibsackerl um«. Sein Kollege Thomas Glavinic fand »diese 30 Prozent beängstigender als die Leute, für die sie gestimmt haben«. Wörtlich: »Mit so etwas Tür an Tür zu wohnen ist eine grauenhafte Vorstellung.« So manche Lehrerin hat »so etwas« ihr halbes Leben lang in ihren Klassen sitzen. Für Anspeiben kein Anlass. AHS, 5. Klasse:

– *Wer von euren Eltern war gestern wählen? (Laaange Pause) Ihr wisst aber schon, dass gestern gewählt wurde. (Noch längere Pause)*

Der Lehrer bleibt gelassen. Schließlich ist das Wahlvolk aus seiner Klasse eh erst nächstes Jahr dran. Also will er ganz allgemein über das Wahlrecht sprechen, zur Sache kommen dann seine Schüler:

– *Wenn ich wählen darf, werde ich den soundso*[24] *wählen.*
– *Aha? Warum, Manuela?*
– *Weil er der Einzige ist, der fesch ist.*
– *Ich werde auch den soundso wählen.*
– *Interessant, Sabrina, und warum du?*
– *Weil er der Einzige ist, der nicht alt ist.*
– *Ich werde auch den soundso wählen.*
– *Warum?*
– *Weil er immer seine Brojanica trägt.*
– *Weil er wen trägt?*
– *Sie meint unser Gebetsband.*
– *Aha. Danke, Kevin. Wirst du auch den soundso wählen?*
– *Ich glaube schon.*
– *Warum?*
– *Weil er gerecht ist. Er will, dass alle arbeiten können, die fleißig sind.*
– *Aha.*
– *Und er ist für sauber.*
– *Wie meinst du sauber?*
– *Er will auch, dass die Landschaft schön ist.*

Sind das etwa die Antworten von »Rechtsextremisten«? Nein, es sind die Antworten von jungen Menschen, denen »politische

Bildung« bei einem Ohr hineingeht und beim anderen wieder hinaus. Warum? Weil sie andere Sorgen haben. Und deren Eltern auch. Als Jennifers Mutter in die Schule kam, um zu erklären, warum sie ihrem Kind die fünf Euro für das Schulkino nicht geben werde (weil sie nämlich die fünf Euro für »so etwas« ganz einfach nicht habe, Punkt), lieferte sie ihr politisches Credo gleich mit:

– *Und darum hoff ich, dass jetzt endlich der soundso kommt.*
– *Wie darum?*
– *Weil der in der Schule für Österreicher alles gratis ist.*

Zum Zwecke der Psychohygiene jetzt noch eine kurze Passage aus einem Werbetext des Handybetreibers »Orange«:

Ich bin meine Mutter,
die Ärztin war und heute Verkäuferin ist,
und Fatma, die gerade Sponsion gefeiert hat.
Ich bin Topfengolatsche, Döner und Briochekipferl.
Ich bin jedes türkische Gstanzl,
das mein Papa singt,
und Carina, deren Humus fast besser
schmeckt als der von Oma.
Ich bin Frau Müller von der 3er-Stiege,
die mich schon lange nicht mehr schief anschaut,
und meine Freundin Claudia,
der ich Türkisch beibringe.
Ich bin jeder, der glauben,
ich verstehen nur Nennform,
und alle, die es besser wissen.
Ich bin Erkan.
Und ich bin Österreicher.

BÖZZZE BUBEN, FILMENDE SCHLAMPEN

Tatort Schule

Nicht alles Gute oben auf der Landkarte ist Finnland. Und nicht alles ist gut, was von oben auf der Landkarte kommt. Zeitungsbericht, der Ende vergangenen Jahres von Dänemark aus seine Reise um die Welt angetreten hat:

> *Die nationalliberale dänische Regierung unter Premier Lars Løkke Rasmussen (Venstre) will verhaltensauffälligen Kindern ab einem Alter von 12 Jahren zukünftig elektronische Fußfesseln anlegen. Das sieht ein Maßnahmenpaket gegen Jugendkriminalität vor, das Mitte der Woche vom konservativen Justizminister Brian Mikkelsen und Sozialministerin Karen Ellemann (Venstre) vorgesellt wurde. Die mit einem GPS-gestützten Ortungssystem ausgerüstete Fußfessel soll zusammen mit »Stubenarrest« jenen Schülern und Jugendlichen verpasst werden, die wiederholt gegen Auflagen von Gemeinde, Schule oder Polizei verstoßen haben. Vergleichbare Systeme werden in Dänemark und anderen europäischen Staaten bisher nur bei verurteilten Straftätern eingesetzt. Ebenfalls Teil des Pakets ist die Herabsetzung der Strafmündigkeit von bisher 15 auf künftig 14 Jahre. Mikkelsen versicherte, die Änderung entspräche den UNO-Vorgaben. Er zitierte Statistiken, wonach 14-Jährige doppelt so viele kriminelle Handlungen begingen wie 13-Jährige. Man gehe davon aus, dass viele jugendliche Straftäter von Banden rekrutiert würden, die sich ihre Strafunmündigkeit zunutze machten. Deshalb sei es notwendig, »die Schraube fester zu ziehen und Maßnahmen zur Vorbeugung und Bestrafung zu setzen, um sie am Fortschreiten auf dem*

Weg in die Kriminalität zu hindern«, so der Justizminister. (...) (www.eurorex.info)

Ich persönlich sage dazu nur *hm*. Aber fragen Sie mich nicht, wie ein Vorschlag, »verhaltensauffällige Kinder ab zwölf« auch bei uns mit elektronischen Fußfesseln zu versehen, in den meisten mir bekannten Lehrerinnenzimmern aufgenommen werden würde! 99 von 100 Ja-Stimmen. Und die vollen 100 auch nur deswegen nicht, weil ich jetzt Waldorf-Kindergärtner und Kunst-Uni-Professorinnen auch zu den Lehrerinnen zähle.

Einer der Gründe dafür ist, dass du es als »durchschnittliche« Lehrerin (das heißt, du unterrichtest Kinder unmittelbar vor, in und nach den vielen Jahren ihrer Pubertät) mit »verhaltensauffälligen Kindern« quasi ununterbrochen zu tun hast. Und mit kriminellen leider auch.

Kalt lässt das die Lehrerin naturgemäß nicht. Als der »Fall Krems« wochenlang medialen Stoff lieferte, kam es in einem Lehrerinnenzimmer in Oberösterreich auf Betreiben des Direktors zu einer ungewöhnlichen Abstimmung. Zur Erinnerung: Zwei Jugendliche, 14 und 17 Jahre alt, waren in Krems in eine »Merkur«-Filiale eingebrochen. Zwei alarmierte Polizisten machten von ihren Waffen Gebrauch. Der Jüngere der beiden Einbrecher wurde getroffen und starb im Rettungswagen, wie sich später herausstellte, durch einen aus zwei Meter Entfernung abgegebenen Schuss in den Rücken.[25] Die Frage, über die der Direktor im Lehrerinnenzimmer abstimmen ließ, bestand aus zwei Teilen und lautete: a) Hat der Polizist richtig gehandelt? b) Kannst du dir vorstellen, unter den gegebenen Umständen ebenfalls geschossen zu haben? – Wie ich von dieser Abstimmung erfahren habe? Weil der Direktor das Abstimmungsergebnis als Leserbrief an eine Tageszeitung schickte, versehen mit den Unterschriften »seiner« mit dem Beamten

solidarischen Lehrer. Alle – *alle* – waren der Meinung, der Polizist habe richtig reagiert. Und alle – *alle* – hatten sich vorstellen können, in dieser Situation ebenfalls geschossen zu haben. Und ganz nebenbei: Man kenne diese Früchtchen, die mit 14 »lieber einbrechen gehen als mit dem Vokabelheft ins Bett«. Aus »Rücksicht auf das Ansehen des Lehrberufs«, so erzählte mir der Leserbriefbeauftragte der betreffenden Zeitung damals, habe er davon abgesehen, den Leserbrief zu veröffentlichen.
Eines muss man schon sagen: Natürlich kannst du es dir als Lehrerin vorstellen, in einer solchen Situation zu schießen. Warum? Weil du 1) zum Glück nicht weißt, was es heißt, auf jemanden zu schießen, weil du 2) jede Woche einmal in eine Situation gerätst, in der du dir denkst: Am liebsten würde ich jetzt schießen. Und 3) weil genau solche Kevins, die mit 14 einbrechen gehen statt mit dem Vokabelheft ins Bett, für deine frühen Falten und Kummerkilos verantwortlich sind.
Und dann liest du, wie der Marketing-Director mit c einer großen Drogeriekette die neue Werbelinie seines Unternehmens erklärt: »Kümmere dich nicht um irgendwelche Regeln, sondern mach, was dir Spaß macht. (...)«[26] Spaß ist ja ein dehnbarer Begriff.

- *Markus, weiß der Lukas eigentlich, dass er halbnackt im Internet herumtorkelt? (Pause) Ich meine, immerhin steht sein Name dabei.*
- *Das macht ihm nichts, er war eh fett.*
- *Aber seine Eltern sind vielleicht nicht fett, wenn sie das sehen. Oder ein möglicher Arbeitgeber, wenn er nach einem Vorstellungsgespräch vielleicht seinen Namen googelt.*
- *Doch, sein Vater ist meistens auch fett.*
- *Wer hat das eigentlich aufgenommen? Du nicht, dich sieht man ja.*

- *Die Manu, die Schlampe.*
- *Wieso ist die Manu eine Schlampe?*
- *Weil sie es gefilmt hat, wie ihn die anderen ausgezogen haben.*
- *Rede dich nicht auf die Manu aus, du hättest ihm ja auch helfen können.*
- *Na, zettel ich mit ihm oder die Manu?*
- *Was tust du mit ihm?*
- *Er meint zungenküssen.*

Andere pädagogische Baustelle, Sportwoche. Der Kollege schaut Mario, 13, mit wachsendem Zorn dabei zu, wie der absichtlich das Tennis-Finale gegen Ivan, zwölf, vergeigt.

- *Sag, hat's dich noch? Du verlierst absichtlich ein Finale?*
- *Wieso? Was meinen Sie?*
- *Ich sehe doch, dass du absichtlich jeden zweiten Ball ins Netz schlägst.*

Mario streitet alles ab und macht auf bockig. Als gegen Mitternacht endlich alle in den richtigen Betten sind, beginnen die Lehrerinnen Detektiv zu spielen und erfahren schließlich, was wirklich gelaufen ist. Nämlich das:

- *Mario, wenn du mich nicht gewinnen lässt, bist du tot.*
- *Glaubst du, ich fürchte mich vor dir?*
- *Gut, dann geb ich dir die Lilo.*
- *Was heißt, du gibst sie mir?*
- *Ich halte sie dir, und du kannst sie ausgreifen. Gut?*
- *Gut.*

Am nächsten Morgen gesteht dann eine Zimmergenossin Lilos unter Tränen die Fast-Vergewaltigung (ist jetzt ein wenig übertrieben, aber Sie wissen, was ich meine). Außerdem flüstert sie uns, dass ein Handy-Video davon kursiert. Diese Nachricht kommt zu einem ungünstigen Zeitpunkt. Ein paar Tage zuvor hat eine der Lehrerinnen gelesen, dass Schüler in Deutschland ein Handy-Video ins Netz gestellt haben, das diverse Pädagoginnen während eines Schulschikurses beim intimen Nahkampf mit ihren Schülern zeigt. Natürlich ein Fake: Man hatte die Porträts in Pornoaufnahmen hineinmontiert ...

Die Lehrerinnen beendeten ihre Sportwoche also am dritten Tag und schalteten sicherheitshalber die Polizei ein. Sie informierten Marios, Ivans und Lilos Eltern. Den nächsten Tag verbrachten sie mit Polizeiprotokollen, Telefonaten und anderen Dressurakten.

Video taucht in den folgenden Wochen keines auf, weder auf einem der eingesammelten Handys noch sonstwo – und beinahe wäre die Angelegenheit wieder vergessen gewesen, als es ein halbes Jahr später dann plötzlich online war. Ivan wurde neuerlich zur Rede gestellt und legte schließlich ein Geständnis ab. Allerdings war es eher Überraschung als tätige Reue, die er dabei zeigte.

– *Wie haben Sie bemerkt, dass das jetzt im Internet ist?*
– *Weil Lehrer auch nicht von gestern sind. (Pause) Außerdem arbeiten wir eng mit der Polizei zusammen.*

Eine solche Antwort ist zur Hälfte gelogen. Die meisten Lehrerinnen sind altersbedingt IT-mäßig sehr wohl von gestern. Online-Stalking entdecken sie in der Regel nur, wenn einer ihrer Schüler aus welchen Gründen auch immer »petzt« und die betreffende URL gleich mitkopiert, sonst suchen sie das Video heute noch – aber die Notlüge gebrauchen sie aus Gründen des Selbstschutzes, irgendwie nach dem Motto: Die Tore, die du vorn nicht schießt, kriegst du hinten. Denn immer öfter wird die Lehrerin selber Opfer ihrer Schüler. Dann ist Schluss mit sehr lustig. Dann kommt die Angst. »DIE ZEIT« widmete dem Thema eine Titelgeschichte: »Die Angst der Lehrer«. Einer der Beiträge in der mehrseitigen Beilage begann so:

> *Adrian Fromme blieb seltsam ruhig, als er seiner eigenen Hinrichtung zusah. Der Lehrer hatte nur für einen kurzen Moment das Gefühl, den Halt zu verlieren, als er die Pistolenkugel links aus dem Bildrand kommen und direkt auf seinen Kopf zusteuern sah. Dann spritzte nur noch Blut. Die animierte Szene im Videoportal YouTube endete mit dem Satz: »Noch ist das alles nur ein Traum.« Bis zu diesem Satz dachte der Latein- und Religionslehrer aus Landshut, er sei ein guter, beliebter Lehrer. Er hatte nie die Illusion, »der Freund aller Schüler zu sein«. Aber Respekt hätte er gern, und mit Hass hatte er ganz und gar nicht gerechnet. Trotzdem versucht sich der Lehrer bei der Verarbeitung dieses Angriffs in Gelassenheit: »Das Internet ist eine Riesenmaschine, wo Schüler sämtliche Emotionen sofort rauslassen können. Wir Lehrer müssen lernen, damit zu leben.«*

Ein Überlebenskampf, der keineswegs immer nur virtuell geführt wird: Im Sommer vergangenen Jahres wurde ein Lehrer in Wien auf offener Straße halb totgeprügelt. Er hatte seinen halbwüchsigen Schülern mit einer Anzeige gedroht, nachdem sie aus der Schultoilette einen Umschlagplatz für ungesunde Substanzen aller Art gemacht hatten; in Salzburg bekam eine Lehrerin ein Dutzend Morddrohungen per SMS: Sie war Zeugin geworden, wie Jugendliche, die sie von ihrer Schule her kannte, in einer Garage versucht hatten, in Autos einzubrechen. Einem anderen Lehrer wurde eine Verwechslung zum Verhängnis: Er wollte einer jungen Frau, die er zunächst irrtümlich für die

Schülerin einer Parallelklasse gehalten hatte, zu Hilfe kommen, als sie nach einem Fußballspiel von randalierenden Jugendlichen bedrängt wurde. Für den Lehrer endete der Versuch, die junge Dame zu beschützen, im Krankenhaus: Serienrippenbrüche; Nasenbeinbruch; Blutergüsse im Gesicht aufgrund der Fußtritte, die er, bereits am Boden liegend, noch erhalten hatte. Dafür darf die Lehrerin gute Ratschläge lesen. In der »Wiener Zeitung« wurde der Chef der Wiener Kriminalpolizei Christof Hetzmannseder so zitiert: »Weil aber gerade in sozial schwachen oder Einwanderer-Familien die Eltern als Autorität oft fehlen, müssen die Schulen (...) besonders stark eingreifen und den jungen Leuten klarmachen, was eine kriminelle Karriere für ihren Lebensweg bedeutet.«
Hm.

Auch Udo Jesionek, der langjährige Jugendgerichtshofpräsident, heute Chef der Opferorganisation »Weißer Ring« und prominentes Mitglied in Waltraud Klasnics Kirchenmissbrauchsopferkommission, hatte anlässlich der Krems-Geschichte einen goldenen Tipp für Lehrerinnen: »Die Lehrer müssen früher agieren, wenn sie merken, dass das Kind auf die schiefe Bahn gerät.«

Wie denn, bitte? Einen Sesselkreis machen? Statt Turnen zwei Stunden »soziales Lernen« einschieben? Sich hilfesuchend an die Eltern wenden? Wollen Sie wissen, wie viele Eltern an Schulen mit Problemkindern zu den Elternsprechtagen kommen? Wollen Sie nicht. Wollen Sie wissen, wie oft Lehrerinnen Spring-, Klapp- oder Butterflymesser abkassieren? Es gibt Schulen, da ist der Polizist öfter anwesend als der Schularzt. Dabei bräuchte es dort nicht primär den Polizisten, sondern den Psychiater, die Psychologin, den Familientherapeuten, den Drogenberater, die Brandschutzsachverständige, die Sprengstoffexpertin. In Wien hat Bildungsstadtrat Oxonitsch ein Sozialarbeits-Pilotprojekt gestartet. In einem Zeitungsinterview[27] beantwortete die KMS-Direktorin Erika Tiefenbacher die Frage, ob ihr nun die Stadt Wien, wie versprochen, im Rahmen dieser Aktion tatsächlich einen Sozialarbeiter zur Verfügung gestellt habe, so:

> *Ja, seit vergangener Woche haben wir eine engagierte Sozialarbeiterin. Sie arbeitete zuvor in einem Krisenzentrum und hat mit schwierigen Jugendlichen Erfahrung. Bei uns redet sie etwa mit Schulverweigerern und deren Eltern oder sie stellt den Kontakt zum Jugendamt her. Das große Manko ist aber, dass es pro Bezirk nur einen Sozialarbeiter gibt, unsere ist sogar für alle Pflichtschulen im 18. und im 19. Bezirk zuständig. Das kann man nicht bewältigen. Ich hoffe, es ist ein Anfang.*

Wie viele Schulen sind das: 20, 30? Oder nur drei oder vier, wenn man die Volksschulen des Bezirks nicht dazuzählen würde? Für wie viele Schüler selbst in dieser Minimalvariante wäre die eine (1) Sozialarbeiterin also zuständig – für 500 oder nur für 400? Bis ein solcher »Anfang« auch ein vernünftiges Ende gefunden hat, tut die Schule ihr Möglichstes. Eine burgenländische HTL mit angeschlossenem Schlafheim war mit einem vergleichsweise harmlosen Fall »schulischer Gewalt« in die Schlagzeilen gekommen. Einer alten Tradition gemäß hatten ältere Schüler ihr »Housewarming« für die Schulanfänger mit dem guten alten »Baucherln« begangen. Bei diesem besonderen Stück ostösterreichischen Brauchtums laufen die Höhersemestrigen von einem Zimmer zum nächsten und schlagen den Erstklasslern so lange mit der Hand auf den nackten Bauch, bis sich die Haut rot färbt. »Bei uns ist das schon öfter vorgekommen. Aber es ist nie etwas passiert«, sagte später der Heimleiter. Im konkreten Fall war das Brauchtum so intensiv gepflegt worden, dass sich mehrere Eltern genötigt sahen, Anzeige wegen »Körperverletzung« zu erstatten. Auf der Schulhomepage fand man »danach« den folgenden Text des Schulgemeinschaftsausschusses:

> *Die Vorfälle (...) haben unsere Schule wieder einmal in den Blickpunkt der Öffentlichkeit gerückt, da sowohl Täter als auch Opfer Schüler unserer Schule sind. (...) Dass jüngere Schüler von älteren gedemütigt und körperlich misshandelt werden, entspricht keinesfalls der Tradition und schon gar nicht dem Leitbild unserer Schule, in dem der respektvolle Umgang miteinander ein wesentliches Ziel der Schulentwicklung darstellt. Alle Vertreter im SGA sind sich darin einig, dass solche Übergriffe weder diesmal noch in Zukunft toleriert werden können. Auch unsere jüngsten Schülerinnen und Schüler haben ein Anrecht auf einen angstfreien Schulalltag. Diese Vorfälle treffen uns auch deswegen so schwer, weil gerade unsere Schule im Bereich der Gewaltprävention (wie auch der Suchtprävention) in den letzten Jahren sehr deutliche Aktivitäten gesetzt hat und in einigen Pilotprojekten beispielgebend für viele andere Schulen war. Im letzten Schuljahr sind wir deswegen sogar beim »Ersten österreichischen Präventionspreis« ausgezeichnet worden. Wir versprechen allen Eltern und Schülern, diese Arbeit – jetzt erst recht – konsequent fortzusetzen. Gleichzeitig möchte der SGA darauf hinweisen, dass sich von den jugendlichen Tätern zum Zeitpunkt des Vorfalles sicher nicht alle der Tragweite ihrer Handlungen bewusst waren. Es waren hier auch Schüler beteiligt, die sich bisher tadellos verhalten haben und die in Zukunft wahrscheinlich mit einer Vorstrafe in ihr weiteres Leben gehen müssen. Die meisten der Täter haben erst jetzt erkannt, was sie den Opfern – aber auch sich selbst – damit angetan haben. Wir ersuchen abschließend noch die Medien um eine objektive Berichterstattung. Es ist bei uns keinesfalls der »Normalzustand«, dass »Schlägertrupps« im Heim oder in der*

HTL gezielt gegen jüngere und schwächere Schüler vorgehen. (...) Arbeiten wir gemeinsam daran, dass sich in Zukunft solche Vorfälle nicht mehr wiederholen.

Hier hat ein Schulleiter – eine Schulleiterin? – souverän reagiert. In einem anderen Fall weniger. Der begann damit, dass eine Kollegin beim Zeitungsgratislesen in einer abgebildeten »Gatten-Mörderin« die ältere Schwester einer ihrer Schülerinnen erkannte. Und in der Frau, von der geschrieben stand, dass sie die (Schuss)Waffe für die Bluttat besorgt und danach versteckt hatte, die Mutter des Mädchen, nennen wir dieses Jennifer. Nun beendete die Lehrerin zu dieser Zeit in Jennys Klasse gerade eine Arbeit in BE (vulgo Zeichnen), die sich über mehrere Stunden und mehrere Meter Papier erstreckt hatte. Das Thema: »Schöne Frauen – überlebensgroß«. Wie befürchtet, erntete die Lehrerin 25 Plakate mit 25 überlebensgroßen blonden Tussen. Auf ihrem Pult stapelten sich also Barbies, Heidis, Britneys, Britneys, Heidis, Barbies und so weiter. Die einzige Ausnahme: Jennys »schöne Frau«. Sie war eine Frau von nebenan: groß, plump, unten in Jeans, oben nackt mit Holz bis hinunter zum Nabel.

Wie üblich brachte die Lehrerin die Zeichnungen ihrer Schülerinnen an den Pinnwänden im Gangbereich des Schulhauses an, die einzige Zeichnung, die *nicht* hängen bleiben durfte, war die von Jenny. Und zwar auf Weisung des Direktors. Offizielle Begründung: keine. Inoffizielle Begründung: An den Pinnwänden hängende Frauen haben in einer ordentlich geführten Schule schön zu sein und nicht barbusig und schon gar nicht hängebarbusig. Als die Lehrerin die Zeichnung zunächst trotzdem nicht abnahm, wurde ihr vom Direktor mit disziplinären Maßnahmen gedroht:

- *Frau Kollegin, diese Zeichnung nehmen S' wieder ab, gell?*
- *Warum?*
- *Sehen Sie das nicht selber?*
- *Nein.*
- *Dann, weil ich es sage.*
- *Herr Direktor, das würde das Kind doch demonstrativ benachteiligen und seine Arbeit herabsetzen. Außerdem handelt es sich doch um das Mädchen, dessen Mutter ...*
- *Dann gebe ich Ihnen hiermit den Dienstauftrag.*

Das Bild kam also herunter. Die Lehrerin kämpfte vor ihren Schülerinnen mit den Tränen. Wut oder Scham, man darf es sich aussuchen, wahrscheinlich beides.

SCHULD, SÜHNE UND WATSCH'N

Von der pädagogisch wertvollen Bestrafung

- *Gnädige Frau, das meinen Sie jetzt nicht wirklich ernst.*
- *Oh doch. Schmieren Sie ihr eine! Glauben Sie mir, etwas anderes versteht das Kind nicht. Wenn sie uns z'Haus deppert kommt, tuscht's auch.*
- *Sie sind die Mutter, das ist etwas anderes, aber wir hier … äh …*
- *Ja? Sie …?*
- *Schauen Sie, der Gesetzgeber gibt uns die Sanktionsmöglichkeit der »Zurechtweisung«, falls das nicht fruchtet, können wir mit dem Kind ein »belehrendes Gespräch« führen oder es »in aller Form auffordern« …*
- *Und das nützt etwas?*
- *Nützen im Sinn von … äh … also nützen im engeren Sinn würde ich jetzt nicht …*
- *Ich sag Ihnen ja: Schmieren S' ihr eine. Das nützt was im ganz engen Sinn!*

Mochte der pädagogische Entwurf von der »heilsamen Erfahrung durch Ohrfeigen«, den der Feldkircher Diözesanbischof Elmar Fischer im Frühjahr vergangenen Jahres in die Diskussion gebracht hat, gemeinhin auch für blankes Entsetzen gesorgt haben: In verschiedenen mir bekannten Lehrerzimmern gab es zu diesem Thema vorsichtiges Köpfewiegen. Nein, Lehrerinnen sind ganz bestimmt nicht für die Rückkehr zu einer Rohrstockpädagogik. Aber sie erleben fast täglich, wie das Bedürfnis nach Vermittlung solcherart »heilsamer Erfahrungen« spontan entstehen kann. Jede praktizierende Mutter erlebt es. Jeder Vater, sofern zeitlich vorhanden. Die tun dann, was sie für richtig halten. Der Lehrer tut, was er tun darf. Viel ist das nicht.

- *Lukas! Jetzt hast du schon wieder deine Hände an der Sabrina! Lass das! Wie oft soll ich dir das heute noch sagen. (Pause) Und leg jetzt endlich deine Hefte auf den Tisch. (Pause) Nicht Geschichte! Wir haben jetzt Deutsch.*
- *Scheiß-Deutsch.*
- *Scheiß-Deutsch? (kurze Pause) Raus auf den Gang!*
- *Das dürfen Sie nicht.*

Beginne ich an dieser Stelle ein belehrendes Gespräch? Nein, ich bekomme den totalen Auszucker. Den *totalen*, wenn Sie verstehen, was ich meine.

- *SOLL ICH DIR EINMAL UNTER VIER AUGEN ZEIGEN, WAS ICH ALLES NICHT DARF?*

Bei diesen Worten laufe ich im Gesicht scharlachrot an, tobe und brülle, dass an der Decke die Neonröhre zuckt und am Boden die Tafelkreide zittert. Nicht selten muss ich später Gott und der österreichischen Verfassung dafür danken, dass das allgemeine Waffenverbot immer noch uneingeschränkt auch für Lehrer und Lehrerinnen gilt und ich in solchen Momenten keinen Derringer zur Hand habe, sondern bestenfalls ein paar Mittelquarthefte.

Bin ich später stolz darauf, die Contenance verloren zu haben? Nein. Bereue ich später, was ich im Affekt alles gesagt oder getan habe? Das nun auch wieder nicht. Immerhin wissen meine Renés und Jacquelines, dass sie mir nicht ungestraft acht Stunden am Tag deppert kommen können.

Man möge mich »da draußen« jetzt bitte nicht falsch verstehen: Theoretisch sind wir Lehrkräfte entschiedene Gegner der autoritären Entgleisung. Theoretisch kommt es in unseren Klassen niemals zu einem lauten Wort, geschweige denn auch nur zu der geringsten Handlangung, von welcher gegen welche Seite auch immer. Und wenn ich einst an höherer Stelle (Präsidentin, Tochter, Petrus) danach gefragt werden würde, wie ich denn meine Schülerinnen und Schüler selbst in ihren Phasen völliger disziplinärer Verirrung Woche für Woche im Zaum hielte, würde ich wie aus der Pistole geschossen Methoden aufzählen, wie ich sie seinerzeit im Rahmen meiner beiden Lehramtsstudien kennengelernt habe, zum Beispiel den Einsatz eines pädagogisch adaptierten Mensch-ärgere-dich-nicht-Spiels, bei welchem der gewinnt, der die anderen am wenigsten (!) oft hinauswirft. Das ist jetzt kein Witz, mit solchen Spielen haben wir in den späten 1990er-Jahren die nahende Schulpraxis geübt.

Das Auszucken gestehe ich hiermit also quasi »off records«. Und nur als Mittel letzter Wahl. Musikstunde:

- *Lukas, spuck den Kaugummi aus!*
- *Mein Vater hat aber gesagt, ich darf Kaugummi, das ist ihm lieber, als ich rauche ihm seine Zigaretten weg.*
- *Das kann ich verstehen, spuck ihn trotzdem aus! Und Sabrina, zieh dir etwas an!*
- *Ich hab eh was an.*
- *Ich meine etwas, das dich bedeckt. Am besten aus Stoff. Schau einfach einmal in deinen Spind.*
- *Herr Lehrer, der Lukas!!!!*
- *Lukas! Ich habe gesagt, du sollst den Kaugummi wegwerfen, aber nicht der Milena in den Nacken picken!*
- *Oida! Sie haben gesagt, ich soll ihn ausspucken! Außerdem hat Milena meine Mutter schon wieder Futnutte geschimpft.*

So etwas kriegst du nach einigen Dienstjahren auch ohne Auszucken hin. Nach Musik findest du dich mit Milena, Sabrina und Lukas im Geografie-Lehrmittelkammerl wieder. Dort redest du zuerst über das Leben im Allgemeinen und über die Nachteile von gleichzeitigem Singen und Kaugummikauen im Besonderen, dann gibst du einen klar formulierten Arbeitsauftrag: Man möge dir zur Beruhigung der Gemüter schnell einmal den Panama-Kanal suchen. Sabrina nötigst du das Versprechen ab, den Waschlappen, den sie unter der Bezeichnung »Girlie-Top« bei der »Ich-steh-auf-H.C.«-Tombola in ihrer Stammdisco gewonnen hat und seitdem an vier von fünf Schultagen trägt, zu Hause in die Kochwäsche zu stecken.

– *In was?*
– *Du gibst das Teil in die Waschmaschine und drehst auf 90 Grad. Du wirst staunen, was dann geschieht.*
– *90 Grad? Ist es dann ... umgedreht?*
– *Nein, endlich weg.*

Gestraft bist du in Fällen wie diesem als Lehrerin eh genug. Lukas' Bemerkung bezüglich väterlicher Rauchware macht dich ganz unrund. Darauf, dass Milena spätestens am nächsten Tag über eine ihr völlig unbekannte Mutter schiach reden wird, kannst du wetten. Und dann wird dir auch noch bewusst, dass du zwar längst frei hast, aber statt nach Hause zu gehen, in einem Abstellraum, der sich GW-Lehrmittelzimmer nennt, auf einem Kindersessel hockst und drei Halbwüchsigen dabei zusiehst, wie sie auf der Österreich-Karte den Panama-Kanal suchen.

– *Mit der Österreich-Karte werdet ihr nicht weiterkommen, wenn ihr den Panama-Kanal finden wollt ...*

– *Wieso, den Donaukanal haben wir eh schon!*
– *Na dann.*
– *(Pause) Außerdem, was heißt wollen. Sie haben uns ja diese Strafe gegeben!*
– *Strafe? Wer spricht hier von Strafe? Wir üben. Wir holen nach. Wir vertiefen.*
– *Vertiefen? Oida!*

»Strafe« ist ja nun wirklich kein schönes Wort. Lehrergewerkschafter sprechen daher lieber von »Sanktionsmöglichkeiten«, und dazu kommt es anlassbezogen (Amoklauf im Ausland, Zeichenlehrerbewerfung im Inland, Cyber-Bullying im Netz) mehrmals im Jahr. Als Reaktion erscheint dann die politisch korrekte Zeitungsreportage, in der eine voll super Lehrerin einer Reporterin erklärt, wie *sie* das Ding zu schaukeln pflegt, nämlich entweder nach der Feldenkrais-Methode oder Qigongmäßig oder nach dem Mondkalender, jedenfalls natürlich ohne Strafen, pardon: Sanktionen.

»Winkerlstehen, das gibt's nicht mehr«, verriet etwa eine Grazer Volksschullehrerin dem »Standard«. Also, ich habe wie gesagt in den letzten zehn, 15 Jahren an mehreren Schulen gearbeitet, und da war keine dabei, in der die Kinder *nicht* so etwas (oder so etwas Ähnliches) wie »Winkerlstehen« mussten. Ich habe Lehrerinnen kennengelernt, die nur noch brüllen, wenn sie reden; Lehrerinnen, die sich ihre Schüler mit Ironie und bösem Sarkasmus auf Distanz halten; Lehrerinnen, die in eine Klasse gehen, als wäre dort die Front, schlimmer: als befänden sie sich in einem Partisanenkrieg, nur dass sie in diesem Krieg weder Waffen noch Tarnung noch Deckung haben. Alles ganz normale Lehrer. Oder besser ausgedrückt: alles Leute, die irgendwann einmal, »ganz normal« Lehrer werden wollten. Alles Leute, denen seitdem dauernd irgendwelche Leute sagen dürfen, was sie alles falsch machen und wie sie es besser machen müssten. Leute, die ihre politischen Suppen damit brauen. Die Lehrerinnen sind darin die Knochen, die sich dafür auskochen lassen müssen. Das geht ans Mark.

Ich erinnere mich an einen Tag, da begann ich schlechtes Gewissen dafür zu entwickeln, dass ich öfter als üblich krank wurde. Gut, meine Tochter (jetzt acht) bringt immer wieder mal etwas aus der Volksschule nach Hause, und mein Bub (drei viertel zwei) setzt im Kindergarten gerade sein Immunsystem neu auf, das überstehst du als praktizierender Vater nicht so mir nichts, dir nichts. Trotzdem dachte ich, meine in auffälliger Häufung auftretenden Krankenstände würden etwas mit meinem Beruf zu tun haben. Falsch gedacht! Krank war ich in meinem früheren Leben als stellvertretender Chefredakteur auch, nur konnte ich als solcher mit einer Bronchitis immer noch telefonieren und anschließend mein Zeugs in die Tastatur klopfen. Als Lehrerin geht schon mit einem gröberen Schnupfen genau gar nichts mehr. Du stehst ab dem Moment, da du das Schulhaus betrittst, nein, nicht an der Front, aber auf der Bühne. Jede Minute, vier, fünf, sechs Stunden in einem Stück, einer Sprechrolle mit Publikum, dem du ununterbrochen einreden musst, dass es von dir etwas wollen sollte. Will es nur immer öfter nicht. Das verursacht Ärger. Und irgendwann stehst du neben dir, läufst rot an und brüllst, dass über dir die Neonröhre spuckt und am Boden die Tafelkreide zittert.

An der Pädagogischen Hochschule Niederösterreich in Baden referierte der Erziehungswissenschaftler Jörg Spenger[28] über die »gesetzlichen Sanktionsmöglichkeiten (in) der Schule«. Hier ein Auszug aus seinem gleichlautenden Artikel, veröffentlicht in einer der letzten Ausgaben der Pflichtschullehrergewerkschaftszeitschrift »aps«. Spenger geht die Sache zunächst einmal positiv an:

Gemäß § 47 (1) SchUG hat der/die LehrerIn im Rahmen der Mitwirkung der Schule an der Erziehung der SchülerInnen (§ 2 des Schulorganisationsgesetzes) »in seiner Unterrichts- und Erziehungsarbeit die der Erziehungssituation angemessenen persönlichkeits- und gemeinschaftsbildenden Erziehungsmittel anzuwenden, die insbesondere Anerkennung, Aufforderung oder Zurechtweisung sein können«. Die Verordnung über die Schulordnung ergänzt hier noch um folgende Maßnahmen: Ermutigung, Anerkennung, Lob, Dank.

Ein paar Absätze später räumt der Erziehungswissenschaftler dann bereits ein, dass man mit Ermunterung, Anerkennung, Lob und Dank als »Werkzeugen der Verhaltensmodifikation schnell an die Grenzen seiner Möglichkeiten gelange. Was ihn gedanklich zum »Nachsitzenlassen« springen lässt, einem Modus Vivendi, für den das Gesetz die schlanke Formulierung »Erteilung von Aufträgen zur nachträglichen Erfüllung versäumter Pflichten« bereitstellt. Spenger:

Ein bloßes Nachsitzen, etwa in Form des Absitzens schuldhaft versäumter Unterrichtszeit oder auch das Schreibenlassen einer Strafarbeit, wird vom Gesetzgeber nicht als nachträgliche Erfüllung versäumter Pflichten angesehen, ist also nicht zulässig und sollte allein deshalb schon von Lehrerinnen aus Gründen des »Selbstschutzes« nicht praktiziert werden. Dazu kommt noch, dass die betreffenden SchülerInnen beaufsichtigt werden müssen, was ja für einen selbst unter Umständen ein »Hierbleiben« bedeutet bzw. im Falle der Beaufsichtigung durch KollegInnen durchaus den Unmut dieser erregen könnte. Nicht immer sind es ja die liebsten ZeitgenossInnen, die da zusätzliche und noch dazu gratis »Förderung« bekommen.

Erlaubt, so Spenger, sei also nur ein »pädagogisch sinnvolles Nachsitzen« mit einem klaren Arbeitsauftrag in »deutlichem und erkennbarem Zusammenhang« zum Versäumten. Bald kommt der Erziehungswissenschaftler auf den Schulausschluss zu sprechen:

> *Die Maßnahme des Ausschlusses ist sicherlich die letzte Möglichkeit, falls »nichts mehr geht«, sie wird allerdings in der Regel auch sehr zögerlich eingesetzt. Außerdem dauert es meistens sehr lange, bis – wenn überhaupt – von dieser Maßnahme Gebrauch gemacht wird, leider manchmal erst dann, wenn schon etwas passiert ist – frei nach dem Motto: »Es muss erst etwas passieren, bis etwas passiert.« (...) In Fällen, wo Schüler noch schulpflichtig sind, ist ein solcher Ausschluss im Prinzip gar nicht möglich, hier tritt anstelle dessen zunächst einmal die Möglichkeit der Suspendierung. (...) Dazu der entsprechende Gesetzestext gem. § 49 (3) SchUG: »Die Schulbehörde erster Instanz hat bei Gefahr im Verzug auszusprechen, dass der Schüler vom weiteren Schulbesuch suspendiert wird. Die Suspendierung darf mit höchstens vier Wochen bemessen werden. (...) Der Schüler ist berechtigt, sich während der Suspendierung über den durchgenommenen Lehrstoff zu informieren. Am Ende eines Unterrichtsjahres ist dem Schüler die Gelegenheit zur Ablegung einer Feststellungsprüfung gemäß § 20 Abs. 2 zu geben, soweit eine Beurteilung wegen der Dauer der Suspendierung sonst nicht möglich wäre.«*

Gegen Schluss seiner Überlegungen führt Spenger »die Option« einer Abschiebung des Schülers in die Sonderschule als »Sanktion« ins Treffen:

> *Manchmal ist es tatsächlich im Sinn des »kleinsten gemeinsamen Schadens« notwendig, einzelne Kinder einer individuellen Be-*

treuung »zuzuführen«, wie sie etwa in sonderpädagogischen Zentren bzw. Sonderschulen eher als in der Regelschule gewährleistet ist. Auch wenn Worte wie Integration oder Inklusion derzeit hoch im Kurs stehen, im Prinzip auch zu Recht, gibt es im Schulalltag immer wieder Situationen, in denen man zum Allgemeinwohl einfach entsprechende Schritte setzen muss, um den MitschülerInnen und auch den LehrerInnen ein menschenwürdiges Leben und Lehren zu ermöglichen. Leider werden diese für die Betroffenen unzumutbaren Situationen immer zahlreicher, wie die Berichte aus der Praxis zeigen. Eines sollte in der täglichen Erziehungsarbeit stets berücksichtigt werden: Körperliche Züchtigung, beleidigende Äußerungen und Kollektivstrafen sind verboten. Das ist zwar für manche KollegInnen nicht ganz leicht aus- und manchmal auch durchzuhalten, denn im Grunde muss man sich lange Zeit vieles von den SchülerInnen gefallen lassen (das geht von Verbalattacken bis zu körperlichen Angriffen), jedoch geht der Gesetzgeber von einer Erwachseneneinsicht aus, die dieses »Zahn um Zahn, Aug um Aug« wohl zu Recht verbietet, auch wenn einem nicht selten danach gelüstet, wenn man bedenkt, was sich Kinder tagtäglich herausnehmen. (...)

Jetzt einmal abgesehen davon, dass die »Feststellung eines sonderpädagogischen Förderbedarfs« selbstverständlich nie und nimmer als »Sanktionsmöglichkeit« missbraucht werden darf, spiegelt die Wortwahl die Urgent-Situation des gesamten Berufsstands wider: Schüler, die Schule so nicht wollen oder Schule so nicht können (oder beides), haben keine Scheu mehr, das ihren Lehrern und Lehrerinnen auch unverblümt zu zeigen – und diese haben keine tauglichen Mittel mehr, dagegen anzukommen.

Wenn denn die Strafe überhaupt unter »taugliche Mittel« zu reihen ist. Als ich vor zehn Jahren als Lehrer begann, wurde ich von einer klugen Kollegin so instruiert:

– *Wie weiß ich, ob ich es richtig mache?*
– *Komm mit dem Fahrrad in die Schule.*
– *Und?*
– *Und stell es unten hin.*
– *Und?*
– *Wenn du nach drei Wochen keine aufgestochenen Reifen hast, machst du's richtig.*

DER LEHRER IN DER GUMMIZELLE

Wenn Lehrerinnen »durchdrehen«

Jänner. Zeichenstunde.

- *Jacqueline, nicht dass ich prüde bin, aber ...*
- *Was sind Sie nicht?*
- *Egal jetzt. Was ich sagen will, ist: Ich nehme es locker, dass du seit Schulanfang nur Kreise malst, egal, welches Thema wir haben, aber warum nennst du sie jedes Mal »Sexecks«?*
- *Sie haben gesagt, wir sollen unsere Zeichnungen beschriften.*
- *Okay, du nennst Kreise also Sechsecke. Das meinst du ja vermutlich, Sechsecke, mit ch und in der Mehrzahl mit e und nicht mit s.*
- *Das sind keine Ecken, Oida, das ist Bier. (Laaange Pause) Na, sechs Dosen. Sexecks. Ich finde das den ur geilen Namen.*
- *Sie meint Sixpacks, Herr Lehrer.*
- *Kusch, Oida! Und schleimen brauchst bei dem da vorn auch nicht!*

Okay, so können die im vorigen Kapitel beschriebenen Auszuckungen beginnen, überhaupt, wenn sich alle Beteiligten bereits in einer achten oder neunten UE befinden. Für Nichtlehrer: Schultage werden in UEs (Unterrichtseinheiten) und nicht in Stunden eingeteilt, weil Unterrichtsstunden ja nur 50 Minuten dauern. Die erste UE beginnt um 08.00 Uhr, die zehnte endet also knapp vor der ZiB 1. Zu dieser Zeit wehen alle noch Anwesenden naturgemäß nur noch auf Halbmast, überhaupt, wenn der Tag schon eher mau angefangen hat: Bereits um sieben der

Kampf um die eine Kaffeemaschine. Ab halb acht der Kampf mit dem einen Kopiergerät. Und spätestens ab drei viertel acht der Kampf gegen das eine Telefon. Es läutet, und keine deiner Kolleginnen greift zum Hörer. Aber dann steht plötzlich deine Chefin neben dir und schaut dich an mit einem Blick, dass dir ganz *hm* wird, und schon hast du den Hörer in der Hand.

Grüß G... – Aha. Wen suchen Sie? – Von wem die Mutter? – Jovani... wie? Welche Klasse? – Eine dritte oder vierte Klasse. Mehr wissen Sie nicht? – Gut. Und wen suchen Sie jetzt? – Grabauer, sagen Sie? Tut mir leid, gibt es bei uns nicht. Meinen Sie vielleicht den Herrn Glattauer? Das wäre ich nämlich selb... – Nein? Eine Frau. Aha! Die Frau Grohmann, vielleicht? – Gruber? – Weissenberger? – Auch nicht. Moment. Ich frage einmal eine der Kolle... Wie? Sie sind von der Schule angerufen worden? Okay, Moment! (Ruf ins Lehrerinnenzimmer: Hat wer von euch eine Mutter angerufen, dritte oder vierte Klasse ...? Alle schauen gleichzeitig weg. Du wiederholst die Frage, einige Kolleginnen stehen auf, gehen aus dem Zimmer, andere beginnen zu smsen.) Nein, tut mir leid, meine Kolleginnen können mir jetzt leider auch nicht weiterhelfen, aber vielleicht kann ich ... wenn Sie mir nur sagen würden ... – Nein, ich bin nicht der Hausmeister.

Acht Stunden später also Zeichnen:

- *Jacqueline, ich mach dir einen Vorschlag: Du bringst ab jetzt ein bisschen Abwechslung in dein künstlerisches Œuvre – und signierst dafür als »Sixpack«. (Pause) Was hältst du davon? (Pause) Was ich sagen wollte, war: Du darfst ab jetzt alle Zeichnungen mit deinem Künstlernamen »Sixpack« unterschreiben, dafür zeichnest du normal mit, okay?*
- *Sixpack? Voll super! Das muss ich am Abend dem Heimleiter*

sagen, dass Sie mir das erlauben. Der nimmt mir die Dosen Bier nämlich immer weg, er sagt, ich bin fixiert.

– *Nein, das musst du am Abend deinem Heimleiter nicht sagen, Jacqueline, besser, wir machen das anony... äh geheim.*
– *Haben Sie vielleicht Angst vor meinem Heimleiter? (Pause) Oida! Der hat Angst vor meinem Heimleiter!*

Gegen Ende der Stunde rückt Kevin mit einem Problem heraus, an dem er offenbar sehr intensiv kiefelt, gezeichnet hat er nämlich bis dahin nichts:

– *Wie viel verdienen Sie eigentlich, Herr Lehrer?*
– *Glaub mir, Kevin, das willst du gar nicht wissen.*
– *Weniger als 1.500 Euro, stimmt's?*
– *Wieso wei... wie kommst du jetzt auf weniger als 1.500?*
– *Ich hab gehört, wie die Frau Löschnak zur Frau Friedl gesagt hat, Sie sind arm, weil Sie weniger als 1.500 verdienen, obwohl Sie schon so alt sind.*
– *Wer sie?*
– *Na Sie!*
– *Wenn die Frau Löschnak das sagt ...*
– *Mein Vater sagt, wer weniger als 1.500 Euro verdient und trotzdem arbeiten geht, ist selber schuld.*
– *»Selber schuld«, hat dein Vater gesagt?*
– *(Pause) Eigentlich hat er was anderes gesagt.*
– *Aha? (Pause) Und was?*
– *Er hat »Trottel« gesagt.*

Das steckst du jetzt nur noch nach außen hin weg. Nicht zuletzt deswegen, weil am Wahrheitsgehalt dieser Aussage schließlich nicht zu rütteln ist: Dass du Lehrer bist, merkst du ja tatsächlich unter anderem daran, dass dir am Ende des Geldes noch eine ganze Menge Monat übrig bleibt. Geldsorgen kerben sich einem ganz schön ins Gesicht. In meinem Fall lassen sie auch den Zeiger auf der Waage klettern. Seit ich Lehrer bin, habe ich 20 Kilo zugenommen. Das sind umgerechnet zwei Sorgenkilo pro Jahr. Oder jedes Jahr zehn Deka pro Schüler. Sogar meine Tochter verfolgt die Entwicklung auf der elektronischen Waage mit wachsender Sorge:

- *Papi, jetzt sind es schon drei rote Zahlen vor dem Beistrich!*
- *Ziffern.*
- *Was?*
- *»Wie bitte« heißt das.*
- *Wie bitte?*
- *Egal. (Pause) Und putz endlich einmal ordentlich deine Zähne!*

Apropos Lehrerkind: Einer der von mir am meisten geschätzten Lehrer an der Pädagogischen Hochschule des Bundes in Wien, Wolfgang Vancura, hat einmal zu mir gesagt: »Weißt du«, hat er gesagt, »was das Schlimmste ist, das du deinen Kindern antun kannst? (Pause) Dass ihr Vater Lehrer ist!« Nun, meine Tochter geht in die Volksschule und nimmt daher a) das Leben und b) ihren Vater noch einigermaßen so, wie sie sind, aber seit damals überlege ich mir, wie ich ihr eines Tages schonend beibringen werde, »dass ihr Vater Lehrer ist«. »Ein Missverständnis«, werde ich vermutlich sagen. Darauf wird sie nachfragen:

- *Wie ein Missverständnis?*
- *Manchmal schauen die Sachen anders aus, als sie sind. Denk an Elvis!*
- *Du meinst sein trauriges Ende?*
- *Nein, seine schwarzen Haare. Er war ja in Wirklichkeit blond.*
- *Elvis blond?*

- *Blond. Alles, was schwarz war, war gefärbt, bis zum bitteren Ende im August 1978. Elvis – die berühmteste echte Blondine der Musikgeschichte.*
- *Und das hat jetzt mit dir als Lehrer genau was zu tun?*
- *Ich glaube, du glaubst, dass ich glaube, dass Deutsch, Mathe und Bravsein das Wichtigste im Leben ist. Aber ich tu nur so.*

Worauf ich damit hinauswill: 120.000 Lehrer – 120.000 verschiedene Selbstbilder. Für »DIE ZEIT« interviewte der Journalist Thomas Kerstan Hamburgs Landesschulrat Peter Daschner. Interessant, wie Lehrer über Fremd- und Selbstbilder zu denken oder sprechen beginnen, sobald sie es selber nicht mehr sind.

? *Sind Sie eigentlich mit dem öffentlichen Bild Ihres Berufsstands zufrieden?*

! *Umfragen zeigen, dass der Lehrerberuf hohe Anerkennung findet. Besonders angesehen sind Grundschullehrer (in Österreich: Volksschullehrer, Anm.). Insofern brauchen wir uns nicht zu verstecken. Trotzdem ärgere ich mich über das Klischee vom Lehrer als armem Würstchen, das oft von Medien transportiert wird.*

? *Welches Bild fänden Sie treffender?*

! *Unterrichten und Erziehen sind eine große Herausforderung an Intellekt und Kommunikation. Man braucht Führungskraft, Empathie und die richtige Balance von Nähe und Distanz. Das Schöne an diesem Beruf: Im Prinzip weiß der Lehrer, dass er etwas Sinnvolles tut.*

? *Warum reagieren Lehrer dann so sauer, wenn sie etwa beim Internetportal Spickmich von Schülern benotet werden?*

! Manche nehmen es auch mit Humor. Aber keiner will öffentlich an den Pranger gestellt werden. Da bilden Lehrerinnen und Lehrer keine Ausnahme.
(...)

? Sie waren selbst einmal ein junger Lehrer, Anfang der Siebziger. Ist das vergleichbar?
! Ich sehe die heutigen Junglehrer positiver. Wir stürmten damals in die Schulen und wollten möglichst gleich die Gesellschaft mitverändern. Und trafen auf alte Kollegen, zu denen wir auf Konfrontation gingen.

? Und heute?
! Die jungen Lehrer sind viel pragmatischer. Die kommen mit vielen neuen Ideen und Methoden und suchen die Zusammenarbeit mit den älteren Kollegen. Letztlich ist das Modell erfolgversprechender.

? Es gibt also Hoffnung?
! Ja. Das Einzelkämpfertum wird mit der Zeit verschwinden.

? Was macht Sie so optimistisch?
! Die Schulen werden zunehmend an Zielen gemessen und legen den Weg dahin selbst fest. Das zwingt die Kollegien zur Kooperation. Hinzu kommt die Ausweitung der Ganztagsschulen, die mehr Chancen für Erziehungsarbeit bieten – gemeinsame Regeln und Konsequenzen, feste Rituale. Dazu muss man am gleichen Strang ziehen.

? Wird Lehrer also ein normaler Beruf?
! Es ist ein schön schwerer Beruf. Dazu brauchen wir die Besten.

Bis dahin muss man mit den Ausgebranntesten vorliebnehmen: Wie eine Online-Befragung unter 860 Pflichtschullehrern aus dem Vorjahr[29] ergab, ist ein Drittel der 120.000 österreichischen Lehrerinnen mehr oder weniger stark Burn-out-gefährdet. Nur 36 Prozent haben kein Risiko, bei zehn Prozent ist es hingegen sehr stark, bei weiteren zwölf Prozent stark erhöht. Als den Hauptgrund für die ungewöhnlich hohe Burn-out-Rate nannte die Studie den Lärm. In einer Meldung der Nachrichtenagentur APA las sich das so:

> *In Wien ist der Anteil an Pflichtschullehrern, die eine hohe Lärmbelastung im Berufsalltag beklagen, mit 29,5 Prozent deutlich über dem Schnitt von 24,2 in den anderen untersuchten Bundesländern (Salzburg, Niederösterreich, Steiermark). Laut Studie ist es 25 Prozent der Befragten in der Klasse sehr oft, weiteren 47 Prozent oft zu laut. Mehr als zwei Drittel finden außerdem, dass es in den vergangenen drei Jahren viel oder eher lauter geworden ist. 13 Prozent empfinden das als sehr starke, 26 als eher starke Störung des Unterrichts.*
>
> *Im Rahmen der Studie wurde zusätzlich bei fast 400 Pflichtschullehrern die Stressbelastung erhoben. Psychologe Erich Hotter von der ARGE Zuhören zur APA: »Die Verbindung von Lärm und Stress ist signifikant hoch. Lehrer, die unter Lärmbelastung leiden, haben ein stark erhöhtes Burn-out-Risiko.« Anders als bei der Lärm-Umfrage gab es dabei keine signifikanten Unterschiede nach Geschlecht, Dienstjahren oder Schultypen. 33 Prozent der Befragten haben ein leicht erhöhtes Risiko, bei neun Prozent ist es erhöht, bei zwölf Prozent stark und bei zehn Prozent sehr stark erhöht. Signifikante Unterschiede zwischen den Geschlechtern gibt es bei der Ausformung des Burn-out-Risikos: Während es sich bei Männern verstärkt durch Erschöpfung, Hilflosigkeit, innere Leere, Arbeitsüberdruss und Leistungsunzufriedenheit ausdrückt,*

reagieren Frauen verstärkt mit Dauerspannung und Selbstüberforderung.

Martin Höflehner von der GÖD hatte das schlechte Wien-Ergebnis erwartet und ortet mehrere Gründe: die zunehmende Dauerbeschallung in Ballungsräumen und die »spezielle Schülerpopulation« in den Wiener Pflichtschulen. »Kinder, die in der Klasse sitzen und kein Deutsch verstehen, machen natürlich Lärm.« Laut Hotter können viele Kinder heute nicht stillhalten. »Sie bringen die erzieherischen Voraussetzungen für den Unterricht nicht mit«, so Hotter. Die Schüler hätten außerdem weniger Respekt vor den Lehrern als früher, Fehlverhalten bleibe oft ohne Konsequenzen.

Der Lärm allein wird es nicht sein. Fest steht, dass Lehrerinnen in puncto Burn-out von keiner anderen Berufsgruppe geschlagen werden – sieht man einmal von jener der österreichischen Bestseller-Autorinnen ab. Als ich meinen Bruder[30] vor zwei Jahren zum Udo-Jürgens-Konzert in die Wiener Stadthalle einladen wollte, fand der nicht einmal die Zeit, diese unter Musikfachleuten völlig unbegreifliche Absage vernünftig zu erklären. Stattdessen: keine Zeit, leider, er habe gerade 44 Lesetermine zu bestätigen, elf TV-Auftritte zu koordinieren und sechs Online-Interviews zu geben – »und all das innerhalb einer Woche«. Fast zeitgleich bekannte Daniel Kehlmann im »Falter«, dass ihn die Lesereisen anlässlich seiner diversen Bestseller »wirklich krank« machen. Kehlmann zu Klaus Nüchtern: »Völliger Erschöpfungszustand. Über drei, vier Monate hatte ich eine echte Arbeitswoche: fünf Lesungen, das Wochenende frei. Das ist unglaublich anstrengend (…).«

Das kann die Lehrerin nachempfinden: Auch sie hat ja »über drei, vier Monate« echte Arbeitswochen. Sogar zweimal im Jahr. Und in dieser Zeit wird es – anders als bei Lesungen von Dichterfürsten – nie leise. *Nie.* Majka zum Beispiel, 13, muss das bei der Geburt vertauschte Enkelkind von Harald Serafin oder Helmut Zilk sein. Majka spricht nicht, sie sprudelt. Und gleichzeitig fällt sie wie ein Wasserfall. Ohne Unterlass. Tosend. Gefühlte 100 bis 200 Dezibel. Wenn Maja zu … äh … fallen beginnt, kommt man sich vor wie auf der »Maid of the Mist«, dem Fährboot, das einen direkt unter die Niagara-Fälle bringt. Gesegnet also der harte Winter mit seinen die Stimmbänder attackierenden Viren und Bakterien. Mittagsaufsicht:

- *Majka, ich habe schon gehört, du hast Halsweh und kannst heute kaum spr…*
- *Geht schon stellen Sie sich vor was mir vorher passiert ist Sie kennen doch Jessica aus der 4A Jessica hat einen Brud…*
- *Au!*
- *Tut Ihnen was weh ich meine wenn Ihnen …*
- *Majka! Du! Du tust mir weh! (Pause) Solltest du nicht deinen kranken Hals schonen? (Pause) Weißt du eigentlich, dass es Menschen gibt, die nicht ununterbrochen zuhören wollen, wenn du ununterbro…*
- *Meine Eltern sagen eine gute Lehrerin muss immer zuhören wenn ein Kind …*
- *Nein, Majka.* Immer *ist falsch. Immer ist definitiv falsch.*

Irgendwann drehst du durch. Auf »derstandard.at« fand sich im Sommer vergangenen Jahres ein Bericht, der über Umwege dem »New Yorker« entnommen war. Titel: »Gummizelle für Lehrer«. Hier ein Auszug:

> *Sie spielen Karten und Schach, lesen Zeitschriften, schlafen oder plaudern einfach mit ihren Kollegen über Gott und die Welt. Rund 600 Lehrer in New York sehen kein Klassenzimmer mehr von innen. Stattdessen sind sie zum Nichtstun in oft fensterlosen, im*

Sommer überhitzten und im Winter überheizten Zimmern ohne Ventilation und niedrigen Decken verdammt. Telefonieren, am Computer arbeiten oder Musik hören ist untersagt.
Das sind die berühmt-berüchtigten »Rubber rooms«. Täglich treffen sich hier kaltgestellte Lehrer, verbringen sieben Stunden am Tag, monatelang, manche über Jahre, voll bezahlt und gelangweilt. Der Grund für die ungewöhnliche Disziplinierung: Sie dürfen wegen Verfehlungen nicht mehr unterrichten und warten auf ihre Verhandlung. (...) Dort zu enden ist ein zunehmendes Problem für die 140.000 Lehrer in der Millionenmetropole. Die Zahl der suspendierten Lehrer verdoppelte sich seit 2004. Die Disziplinierung kommt den Steuerzahler teuer zu stehen. Hunderttausend Dollar kostet ein einjähriger Aufenthalt in einem »Rubber room« im Schnitt, rechnen Experten. Insgesamt gibt das Schulsystem jährlich etwa 65 Millionen Dollar für die suspendierten Lehrer aus. Kritiker argwöhnen, dass die Stadtregierung unter Bürgermeister Michael Bloomberg die »Rubber rooms« auch eingerichtet hat, um Lehrer dazu zu bringen, selbst zu kündigen. Doch die wenigsten tun dies. Viele fühlen sich zu Unrecht an den Pranger gestellt und abgeschoben. Sei es, dass sie schon lange im Dienst sind und New Yorks Bildungsverantwortliche die Lehrerschaft verjüngen wollen. Sei es, dass sie für einen omnipotenten Rektor zu kritisch waren oder ihrem Frust in der Klasse freien Lauf ließen. Einem Insassen des »Lehrer-Knasts«, so die New Yorker Tageszeitung, sei das Wort »fuck« während des Unterrichts rausgerutscht. (...)

Ein »fuck« also. *Hm.*

Im prophylaktischen Kampf gegen die »Gummizelle« setzen Lehrerinnen unserer Breiten auf den Kuraufenthalt. Über seine Landesgrenzen hinaus bekannt ist die »Medizinisch-psychosomatische Klinik Roseneck« am Chiemsee in Bayern. 200 Lehrerinnen (auch aus Österreich) landen dort jährlich zum Zweck der psychischen Generalüberholung. Es sind nicht nur Lehrer aus Problemschulen. Gymnasiallehrer sind genauso vertreten wie Grund- oder Hauptschullehrer. Die meisten um die 50 Jahre alt. »Wer hierher kommt, hat eine im Schnitt achtjährige Leidenszeit hinter sich«, sagt Andreas Hillert[31], Psychiater, Psychotherapeut und Chefarzt an der Klinik Roseneck. Im Internet stößt man auf eine bemerkenswerte Analyse des Arztes über den Ist-Zustand:

LehrerInnen sind in der ambulanten wie der stationären Psychotherapie als Patienten auffallend häufig. Ärzte und Therapeuten wissen dies seit vielen Jahren, offen darüber gesprochen wurde darüber eher selten. (...) In der medizinisch-psychosomatischen Klinik Roseneck werden im Jahr mehr als 200 LehrerInnen behandelt. Damit stellen sie die mit Abstand größte Berufsgruppe. Bei Aufnahme in der Klinik Roseneck sind Lehrer um die 52 und Lehrerinnen um 50 Jahre alt. 62,9 % davon sind (...) weiblich. Etwa 90 % der Lehrer, aber nur 60–70 % der Lehrerinnen sind verheiratet oder leben in fester Partnerschaft. Diagnostisch liegen bei den meisten dieser Patienten depressive Störungen vor, gefolgt von somatoformen Störungen (subjektiv erlebten körperlichen Beschwerden ohne nachweisbare medizinische Ursache), Angststörungen und Tinnitus (»Ohrpfeifen«). Mehrheitlich gehen diese LehrerInnen davon aus, dass berufliche Belastungen in erheblichem Ausmaß zu ihren Beschwerden beitrugen. Auf einer Skala von 1 (überhaupt nicht) bis 4 (sehr stark) wird die diesbezügliche Frage mit 3,3, die Parallelfrage zu privaten Belastungen signifikant niedriger mit 2,7 beantwortet. Auch bei der subjektiven Bewertung aktueller Probleme und Konfliktbereiche steht die Arbeitsbewältigung deutlich vor Partnerschaft und Familie. Diese Konstellation wird dadurch akzentuiert, dass im beruflichen

Bereich kaum Möglichkeiten gesehen werden, hier selber positive Veränderungen bewirken zu können.
Die Mehrzahl der behandelten LehrerInnen, verglichen mit einer u. a. nach Alter, Geschlecht und Praxiserfahrung parallelisierten Gruppe gesunder LehrerInnen, zeichnet sich durch idealistische und teils wenig konkrete Berufsziele aus (Berufswahl als Möglichkeit, »neue gesellschaftliche Ideale umzusetzen« oder »Freund der Schüler zu sein«). Dabei ist nicht etwa der Idealismus per se problematisch. Unter gesundheitlicher Perspektive entstehen allerdings Schwierigkeiten, wenn die Frage nicht beantwortet werden kann: Woran erkenne ich im Alltag, dass ich meinem Berufsziel bzw. Ideal am Ende der Woche ein Stück nähergekommen bin? Die Übersetzung der großen Berufsziele in kleinere, konkrete, selbst beeinflussbare, positiv formulierte, realistische und herausfordernde Teilziele ist daher zum Erhalt der Arbeitsfreude zentral. Ferner können sich perfektionistische Selbstansprüche oder Selbstbilder als potenzielle Fallen erweisen: »Ein guter Lehrer macht keine Fehler.«
Unter Verwendung des von Professor Uwe Schaarschmidt, Potsdam, entwickelten Fragebogens zu »Arbeitsbezogenen Verhaltens- und Erlebensmustern« (AVEM) fällt zudem auf, dass unter den erkrankten LehrerInnen Konstellationen mit ausgeprägt hoher Resignationstendenz nach Misserfolgserlebnissen, geringen Möglichkeiten, sich gegenüber beruflichen Belastungen gedanklich zu distanzieren, und vorzugsweise defensiven Problemlösestrategien (Konflikte werden vermieden, Mehrbelastungen und Ärger so lange geschluckt, bis das System zusammenbricht) signifikant häufiger sind. Entsprechend liegt bei vielen von ihnen ein Zustand vor, der im Sinne von Professor Johannes Siegrist, Düsseldorf, treffend als Gratifikationskrise bezeichnet werden kann: die subjektiv erlebte Anerkennung – v. a. durch die KollegInnen und die Schulleitung – steht in keinem befriedigenden Verhältnis

zu dem, was man, bei oftmals hoher Verausgabungsbereitschaft, selber leistet bzw. zu leisten glaubt. Die Frage, wofür es sich lohnt, Belastungen auszuhalten, kann nicht mehr befriedigend beantwortet werden. Es gibt kaum einen psychosomatisch erkrankten Lehrer, der nicht in diesem Sinne Kränkungen erlebt hat. Zudem ist das soziale Netzwerk erkrankter LehrerInnen weniger dicht; die Qualität der Unterstützung, verglichen mit gesunden KollegInnen, ist in praktisch allen Bereichen geringer und weniger befriedigend. Erschwerend kann sich die Einstellung erweisen, dass die Bitte um Unterstützung und Hilfe einem Gesichtsverlust gleichkommt. Und nicht zuletzt: Die Mehrzahl erkrankter LehrerInnen geht davon aus, dass es ihnen eher schadet als nützt, wenn die Kollegen von ihren Problemen erfahren! Psychosomatische Störungen bei LehrerInnen sind häufig, die Gründe hierfür vielfältig. Berufsspezifische Belastungsmuster, politische Rahmenbedingungen, die Situation in den Klassen, aber auch die individuellen Erwartungen, Kompetenzen und Strategien der LehrerInnen selber interagieren in einer in vielen Fällen unglücklichen Art und Weise. Anstatt rechtzeitig (!) nach konstruktiven Lösungen zu suchen, wird die »Schuld« vornehmlich dort gesehen, wo man selber eben nur den passiven Rückzug antreten kann: lernunwillige, konzentrationsgestörte SchülerInnen, fordernd-passive Eltern, Schwerfälligkeit der Behörden, Mobbing, niedriges soziales Ansehen des LehrerInnenberufes ... Psychotherapie – ambulant und, wenn dies nicht ausreicht, stationär – ist sinnvoll und hilfreich (...) (Aus: www.schuleundgesundheit.hessen.de)

In Zeitungsinterviews plaudert der Psychotherapeut auch aus der Schule. Von einem Lehrer weiß er, der die letzten Jahre an einer Schule verbracht habe, »da hätte man nach einem Jahr schon viel erreicht, wenn sich bestimmte Schüler für ihr Zuspätkommen wenigstens entschuldigen würden«; von einer

Lehrerin, die erzählt, dass in ihrer Stunde einmal ein Schüler aufgestanden sei, die Hosen runtergelassen und zu onanieren begonnen habe; bei einer anderen seien die Eltern eines Schülers wochenlang Sturm gelaufen, weil sie eine Empfehlung für das Gymnasium nicht hatte abgeben wollen. Dann sei ihr der eigene »Chef« in den Rücken gefallen: Jaja, mit der Kollegin habe es in diesem Zusammenhang »schon öfter Probleme gegeben«. Alles Krankmacher.

Ich habe mit meinen Chefinnen bisher meistens Glück gehabt, durch die Bank waren es Frauen und (um ein geflügeltes Wort der Journalistin Anneliese Rohrer zu verwenden) meistens »solche mit Eiern«, wenn es darum ging, ihre Mitarbeiterinnen nach außen zu verteidigen. Aber das ist nicht der Regelfall. Michael Georgieff, selbst Hauptschullehrer und Mitglied der Bundesleitung der Pflichtschullehrergewerkschaft, weist immer wieder auf die Fürsorgepflicht (!) des Arbeitgebers bei drohender Überforderung eines Lehrers hin. Die Praxis zeigt ein anderes Bild: In einer Umfrage Mitte der 1990er-Jahre, so Georgieff, habe sich ein Fünftel der Lehrer und Direktoren von ihren Vorgesetzten alleingelassen gefühlt, mehr als die Hälfte der Angestellten im Öffentlichen Dienst fühlte sich »selten bis nie« gelobt.

Wobei das schönste Lob ein pekuniär flankiertes wäre. Der letzten branchenübergreifenden Burn-out-Risiko-Studie zufolge[32] verringert sich das Burn-out-Risiko ab einem Einkommen von 3.000 Euro sprunghaft. Auch eine höhere Position schützt vor Burn-out. Leider liegt aber das Anfangsgehalt eines Lehrers bei netto rund 1.200 Euro (in Wien), da dauert es ein Weilchen, bis man die Burn-out senkende Höhe erreicht hat. Und die »höhere Position«? Wenn du Glück hast, schicken sie dich nach 35 Dienstjahren nicht mehr in jeder zweiten Zehn-Uhr-Pause zur Gangaufsicht …

Als eine mir bekannte Kollegin ihre »verminderte Lehrverpflichtung« aufgrund einer »subjektiv nicht mehr zu bewältigenden Lärmbelastung« auf vier Tage statt auf die üblichen fünf verteilt haben wollte, lehnte der Direktor ihr Ansuchen ab. Eine Kollegin fragte nach:

– *Hat er dir die vier Tage wirklich nicht bewilligt?*
– *Leider. Er sagt, Minimalisten kann er nicht brauchen.*
– *Ned nett.*
– *Eh ned.*
– *Und?*
– *Ohropax.*
– *Gibt's die überhaupt noch?*
– *Die Apothekerin sagt, solange es Lehrer gibt, gibt es Ohropax.*

STILLLEBEN SCHULE

Von der Zwangtags- zur Ganztagsschule

Dass Ziffern und Zahlen dehnbare Werte sind, erkannte ich schon in meinen Jahren als Schüler (Neulandschule, Wien-Favoriten). Wir »Halbinternen« und »Externen« verkauften den »Internen« die damals in Mode gekommenen Schlecker zum doppelten Preis.

- *Ich denke, der kostet fünfzig Groschen?*
- *Schon. Aber nicht für dich. Für dich kostet er einen Schilling.*
- *WIESO?*
- *Weil du ihn dir sonst aufzeichnen kannst.*

Die »Internen« waren von uns abhängig, also setzten wir die Preise fest. Bis ein Professor (Porstner, Gerold) davon erfuhr und uns unsere ersten Gehversuche in globaler Marktwirtschaft mit dem Hinweis auf die Werte des Urchristentums (und unter Androhung einiger hässlicher Lateinstunden) wieder vergällte. Dabei wussten die »Internen« anfangs gar nicht, dass sie für ihr orales Vergnügen einen doppelten Preis zahlten. Wir nannten ihnen wochenlang schamlos falsche Einkaufszahlen. Ohne schlechtes Gewissen, wir hatten schließlich die Arbeit. Wir mussten zehn Minuten früher von zu Hause weggehen, mussten am Würstelstand unsere Territorien abstecken *(»Ich versorg den Karli, du den Andi.« – »Wieso muss ich den Andi?« – »Weil du stärker bist als der Andi und wer weiß ...«* usw.), und wir mussten uns in angewandter Mathematik versuchen:

- *Dem Peter verkaufe ich sie um zehn Groschen billiger. Dafür muss er vier nehmen.*
- *Bist deppert? Du haust das ganze G'schäft z'samm.*
- *Er muss dann eh wieder auf fünf Schilling aufrunden, weil ich nicht wechseln kann.*
- *Und was ist der Vorteil?*
- *Er glaubt, er hat einen Rabatt.*

So viel zur Unbestechlichkeit nüchterner Zahlen. Als die frühere Unterrichtsministerin Elisabeth Gehrer vor nun sieben Jahren die Unterrichtszeit für Schüler senkte – die Zahl der Pflichtstunden wurde, jeweils über vier Jahre gerechnet, in der Volksschule von 92 auf 90, in der Hauptschule von 127 auf 120, in der AHS-Unterstufe von 126 auf 120 und in der AHS-Oberstufe von 138 auf 130 gesenkt –, argumentierte sie das naturgemäß auch mit einer solchen »nüchternen« Zahl: Es war die 1.148. So hoch, verkündete sie, sei für Österreichs Schülerinnen und Schüler die »Unterrichtsbelastung« (gar kein schönes Wort übrigens für das, was unser Berufsleben ist). Jedenfalls keine schlechte Munition. Denn mit dieser Zahl lagen wir mehr als 200 Stunden über dem OECD[33]-Schnitt, oder anders ausgedrückt: Kaum wo auf der Welt hatten Schüler über das Jahr gesehen mehr Unterricht als in Österreich. In der »Kärntner Tageszeitung« erschien dann unter der Überschrift »Die Schule muss weiter lernen« folgender Leserbrief des offensichtlich Sachkundigen Dr. Helmut Krainer, Wellersdorf 43, 9072 Ludmannsdorf, in dem die Zahl 1.148 die entscheidende Rolle spielte:

> *Neben pädagogischen sind vor allem auch soziale und bildungspolitische Gründe ausschlaggebend, dass eine neue Schule – ExpertInnen nehmen das Wort Gesamtschule gar nicht einmal gerne in den Mund – dazu führen kann und wird, dass Österreichs*

Schüler auch im internationalen Vergleich wieder an die Spitze kommen werden. Es muss möglich sein, über strukturelle Änderungen zu sprechen und diese auch umzusetzen. Eine im Jahr 2002 veröffentlichte Studie zeigt, dass die Hälfte der Schülerinnen und Schüler über 40 Stunden pro Woche für die Schule arbeitet, im Extremfall sogar mehr als 75 Stunden. Ich verweise dabei auf eine Studie von Christiane Spiel und Petra Wagner vom Institut für Psychologie der Universität Wien. Mit einer durchschnittlichen Wochenarbeitszeit von 39,5 Stunden (zum Vergleich: Angestellte haben eine 38-Stunden-Woche) arbeiten viele Schülerinnen und Schüler länger als ihre Eltern. Im Extremfall wurden sogar Wochenarbeitszeiten von über 75 Stunden festgestellt. Das muss allen BildungsexpertInnen zu denken geben! Zu einem ähnlichen Ergebnis war Spiel schon 1999 gekommen. Dabei überstieg die Wochenarbeitszeit für die Schule bei mehr als der Hälfte der 10- bis 16-Jährigen die 40-Stunden-Marke, und in Einzelfällen musste sogar bis zu 70 Stunden gearbeitet werden. Ferdinand Eder war 1995 zu dem Schluss gekommen, dass der wöchentliche Zeitaufwand (Unterrichtszeit, Wegaufwand und Arbeitszeit außerhalb der Schule) für Schülerinnen und Schüler in der Volksschule 37:45 Stunden, in der Hauptschule 50:05 Stunden, in der Oberstufe des Gymnasiums 54:25 und bei den BHS sogar 61:43 Stunden beträgt. Internationale Vergleiche zeigen: Quantität bedeutet nicht Qualität. Eine aktuelle OECD-Studie (2003) »Education at a Glance« zeigt, dass Österreich bei der Unterrichtsbelastung nach Mexiko an zweiter Stelle liegt. Im europäischen Vergleich müssen unsere Kinder und Jugendlichen am längsten in der Schule sitzen. Im Durchschnitt beträgt die Unterrichtszeit für 12- bis 14-Jährige in Österreich 1.148 Stunden pro Jahr. Das sind um 245 Stunden mehr als in Deutschland (903), um 340 Stunden mehr als in Finnland (808 Stunden) und 407 Stunden mehr als in Schweden (741 Stunden). Wie die PISA-Ergebnisse zeigen, ist die Qualität im Un-

terricht nicht gleichzusetzen mit der Zahl der Unterrichtsstunden. Für den Unterrichtserfolg ausschlaggebend sind Faktoren wie die richtige Auswahl der Inhalte und die beste Vermittlung des Lernstoffes (z. B. Qualität der Aus- und Weiterbildung der Lehrpersonen u. a. m.). Der Vorstand der Universitätsklinik für Neuropsychiatrie des Kindes- und Jugendalters, Max Friedrich, hält im Februar 2003 fest: »Die inhaltliche Belastung eines Schülers ist unter dem Aspekt eines modernen pädagogischen Konzepts zu durchforsten und allfällig zu verändern.« Dem ist nichts hinzuzufügen! (…)

Doch. Denn auch wenn der Leserbriefschreiber mit dem, was er zum Ausdruck gebracht hat, natürlich völlig richtig lag: Die 1.148 Stunden stimmten so einfach nicht. Der damalige Bildungssprecher der Grünen, Dieter Brosz, hatte es nachgerechnet. Ohne großen medialen Widerhall, denn leider pflegt sich das die heimische Medienlandschaft bestimmende Gratis- und Halbgratiszeitungsheinitum lieber mit den markigen Sätzen blauer Stabreimer zu befassen als mit den Zahlensalaten von Fachleuten. Brosz in seiner Presseaussendung:

(…) Bildungsministerin Gehrer hat als Begründung für die von ihr geplante Stundenkürzung wiederholt die OECD-Studie »Bildung auf einen Blick 2002« herangezogen. Aus dem Anhang geht eindeutig hervor, dass das österreichische Bildungsministerium der OECD falsche Daten übermittelt hat. Die Berechnung der Daten hätte durch eine Umrechnung der 50-Minuten-Stunden in ganze Stunden unter Abzug der Ferien und Feiertage sowie unter Nichteinrechnung der Freigegenstände erfolgen müssen. Nach diesem Berechnungsschüssel ergeben sich für Österreich bei 36 Schulwochen mit 32 bzw. 33 fünfzigminütigen Wochenstunden bei den 12-bis 14-Jährigen 960 bzw. 990 Jahresstunden, im Durchschnitt

970. Stattdessen wurden der OECD bei den 12-Jährigen 1.013 Stunden, den 13-Jährigen 1.169 und bei den 14-Jährigen 1.262 Stunden, im Durchschnitt 1.148 Stunden bekannt gegeben. Der Unterschied beträgt im Durchschnitt somit 178 Stunden oder 6,5 Schulwochen. Somit liegt Österreich nur geringfügig über dem OECD-Durchschnitt.

Schlamperei? Systemfehler? Oder der Versuch der Ministerin, der Öffentlichkeit mittels »kategererschem Imperativ« einen falschen Lolli unterzujubeln? Schnee von gestern. Die Reduzierung der Schülerstunden erfolgte. Angeblich aus pädagogischen Gründen, tatsächlich wohl aus Gründen der Geldersparnis, denn Hunderttausende von Lehrerinnen verloren damals auf einen Schlag ihre Mehrdienstleistungen (vulgo Überstunden). So entstehen Eiszeiten: Der Schnee schmilzt nicht, dann schneit es wieder, es bildet sich allmählich eine Eisdecke, und dann kommen selbst die Sonnenstrahlen nicht mehr wirkungsvoll an und verpuffen im All.

Nachdem Ministerin Claudia Schmied mit ihren zwei zusätzlichen Lehrerinnen-Stunden den gewerkschaftlichen Beißreflex ausgelöst hatte, ließ sie einen ihrer Berater sagen: Diese zwei Stunden würden insofern keine Mehrarbeit bedeuten, als sie sich im Rahmen unserer 40-Stunden-Woche umschichten lassen könnten. Das war zwar die richtige Annäherung an den Job, aber eben sehr wohl an einen mit Mehrarbeit. Denn was sollten Lehrerinnen groß »umschichten«? Den Hörer auflegen, wenn der nette Herr aus Anatolien eine Viertelstunde lang nicht herausbringt, wessen Vater er ist? Die letzte Mathe-Schularbeit im Jahr mangels Nachbereitungszeit unverbessert zurückgeben? Den Polizisten, der sich aus gegebenem Anlass bereit erklärt hat, ein paar Zwölfährigen den Unterschied zwischen einem Brot- und einem Butterfly-Messer zu erklären, wieder nach Hause schicken?

Ich glaube, ich war damals trotzdem die einzige Lehrerin in Österreich, die nicht von Haus aus gegen die zwei Schmied-Stunden war. »Machen wir uns wegen zwei Stunden doch bitte nicht ins Hemd«, schrieb ich damals bei Michael Jäger im »Standard« und wurde für viele Kolleginnen zur Persona non grata. Der mir bis dahin gar nicht bekannte Direktor einer anderen Schule machte sich sogar die Mühe, mich im Lehrerinnenzimmer anzurufen und mir wenig charmant einen Berufswechsel ans Herz zu legen. Danke, Herr Kollege Fiedler, ich bin immer noch dabei!

Einig war ich mir in der Sache zwei-Stunden-mehr-oder-nicht aber offenbar mit den Menschen »da draußen«. Denn schon bald veröffentlichten Zeitungen Umfragen, wonach sich fast 70 Prozent der Österreicher *für* die Schmied-Stunden erwärmen würden. Wenn man mich fragt, leider irrtümlich: Die Eltern dachten nämlich, ihre Kinder würden durch die Aktion mehr Unterricht bekommen. Das wäre – leider – nicht der Fall gewesen. Wir hätten mehr Zeit an der Schule verbracht. Aber genau deswegen habe ich den Vorschlag der Ministerin unterstützt. Und unterstütze ihn noch. Er geht in die richtige Richtung: Die Lehrerin, der Lehrer gehört an die Schule und nicht nach Hause. Die Kinder brauchen uns. Sie haben sonst niemanden. Bei den Kindern zu sein ist inzwischen unser Beruf geworden.

Noch einmal zurück. Nicht 1.148, aber rund 970 Stunden pro Jahr verbringen unsere Kinder mit ihren Lehrerinnen und diese – die einen mehr, die anderen weniger – mit ihnen. In der Praxis heißt das: mit vorn einer Tafel, hinten einem CD-Player, aus dem in den Pausen abwechselnd Lady Gaga oder als Musik getarnte Bombenangriffe dröhnen. Dazwischen befinden sich, meist in Reih und Glied, dicht an dicht, 25 Renés und Jessicas, die im 50-Minuten-Takt zum Zuhören vergattert sind, im günstigeren Fall zum Zuhören und Mitreden, im günstigsten zum Zuhören, Mitreden und Mitmachen. Und zwar von und bei Dingen, die sie nur mäßig interessieren, oft genug auch deswegen, weil diese Dinge schon ihre Lehrerinnen nur mäßig interessieren. Der ehemalige Englisch- und Musik-Lehrer Gordon Sumner sagte in einem Interview: »Ich konnte die Kinder nur inspirieren, wenn ich ihnen beibrachte, was mir selber gefiel, und das waren im Wesentlichen Fußball und das Dichten.« Später nannte sich Sumner dann »Sting« und interessierte als solcher dann doch noch ein paar Millionen Menschen.

Meine Meinung zu Alltag und Arbeitszeit: Nicht die 970 Stunden sind das Problem, sondern dass Lehrerinnen diese 970 Stunden in halbe Tage pressen. Nicht nur die Kinder brauchen die Ganztagsschule. Auch und gerade die Lehrerinnen würden sie brauchen. Was sie aktuell haben, ist nämlich die wahre Zwangstagsschule. Sie sind gezwungen, eine de facto 40-, 50-Stunden-Woche – mit sporadischen Belastungen wie von Fluglotsen – in den Halbtagstopf zu pressen. Sie versuchen den Druck, den eine solche 40-, 50-Stunden-Woche verursacht, mit einer 17-, 20-, 22-Stunden-Vormittags-»Lehrverpflichtung« zu deckeln. 90 Prozent dessen, was in der Schule passiert, passiert in Österreich also in der Regel an verlängerten Vormittagen. Das kann nicht gutgehen. Ein solcher Topf *muss* übergehen – oder explodieren. Nachdem ich mich mit meiner Ansicht über die Schmied-Stunden von meiner Kolleginnenschaft ganz und gar nicht verstanden fühlte, schob ich im »DATUM« einen schlanken Essay über das »Stillleben Schule« nach. Ausgangspunkt wurde die Episode mit einem Schulwart, von der mir eine Kollegin erzählt hatte:

– *Herr Schulwart soundso, was sagen Sie eigentlich zu den zwei Schmied-Stunden für Lehrer?*
– *Wie meinen S' das jetzt?*
– *Dass Lehrer zwei Stunden länger unterrichten sollen.*
– *Ah so? Weiß ich gar nicht.*
– *Doch, doch. Wir sollen zwei Stunden länger unterrichten, gratis.*
– *Da bin ich auch dagegen.*
– *Finden Sie also auch, dass wir lange genug arbeiten?*
– *Das weniger. Aber wenn Sie länger da sind, komm' ich vor zwei überhaupt nimmer mehr zum Aufkehren ...*

Aufkehren. *Dieses* Argument hatte noch keiner gebracht.

Lokalaugenschein: Zwei Uhr p. m. Die meisten öffentlichen Schulen beginnen in dieser Zeit mit ihrer Metamorphose. Sie werden das, was sie die meiste Zeit des Jahres sind: leere, tote Gebäude. Freitags setzt die Verwandlung meist schon gegen Mittag ein. Dann kommt es bei Österreichs Schülern zur großen Völkerwanderung. Die einen wandern in die diversen Parks, um dort ihre Rangordnungen neu festzulegen, andere beginnen die Pizza- bzw. Kebabbuden der Umgebung unsicher zu machen, wieder andere lassen sich von den Eltern ihrer erst-, zweit- und drittbesten Freundinnen von A nach B nach C kutschieren (manchmal sogar von den eigenen Eltern). In den Schulen läuft an den Nachmittagen quasi nichts mehr. Die Luft ist draußen. Im wahrsten Sinne des Wortes: Niemand schreit, nichts hallt. Keine Handys, die im Takt der Vereinshymnen von Rapid, Austria, Galatasaray oder Partizan in den Ruck- und Hosensäcken hüpfen. Keine Springmesser, über die man stolpern könnte. Kein René mehr, der einem Kevin droht, ihn nachher blau oder blutig oder beides zu schlagen. Keine Sabrina, die einer kreischenden Jacqueline eine Verfolgungsjagd durch die ganze

Klasse liefert, um dann an ihrem Nabelpiercing einen Kaugummi zwischenzulagern. Keine Ahnung, warum sie das tut. Wahrscheinlich, weil sie zu Hause niemanden hat, den sie streicheln kann. Und umgekehrt wohl auch.

– *Sabrina, von dir krieg ich am Montag die Unterschrift.*
– *Geht nicht. Meine Mutter tut am Wochenende arbeiten.*
– *Und dein Vater?*
– *Tut schlafen.*
– *Das ganze Wochenende?*
– *Außer es ist was im Fernsehen, aber da hat er dann auch keine Zeit.*

Im Normalfall läutet eine österreichische Pflichtschulglocke unter der Woche um 14 Uhr den Schulvormittag aus, ab dann herrscht Stillleben. Da und dort ein wenig Nachmittagsunterricht. Dazwischen viel Schulwart. Der hat inzwischen das Schiff übernommen und putzt die Planken. Kratzt Kaugummis von den Unterseiten der Sitzflächen alter, zu kleiner Sessel, wäscht gurken- und orchideenähnliche Gewächse aus Filz- oder Bleistift von den Klotüren, wischt Zigarettenasch... nein: Geraucht wird an einer österreichischen Schule nicht! Eines Freitagnachmittags steht so ein René vor so einem Schulwart, der gerade irgendwo kniet und wischt, wäscht und kratzt:

– *Ich hab meine Schultasche vergessen. Können Sie mir die 3B aufsperren?*
– *Bitte.*
– *Was?*
– *»Bitte« heißt das.*

Der Schulwart sperrt dem Kind trotzdem auf. Aber statt seine Schultasche zu packen und damit zu verschwinden, kramt sich René umständlich durch Englisch-, Deutsch und Mathe-Hefte, irgendwann lässt er die Schultasche triumphierend auf den Boden fallen und schlurft davon. In der Hand hält er den MP3-Player, den er nach Unterrichtsschluss einzustecken vergessen hat.

Der Schulwart kommt dir diesen Vorfall am Montag erzählen, als wäre es *dein* Kind, das erstens das »Zauberwort« nicht kennt und zweitens ein Wochenende ohne Schultasche einem solchen mit offenbar vorzuziehen pflegt. Das kannst du dann locker nehmen oder auch nicht. Tatsache ist, dass viele deiner Schüler, sobald »Schule aus« ist, selbst dann nichts lernen würden, wenn sie ihre Schulsachen dabeihätten. Sie haben nämlich all das andere nicht, das auch dazugehört: ein Zimmer (oder wenigstens Platz), jemanden, der darauf schauen würde, dass sie etwas lernen. Überhaupt jemanden. Viele haben niemanden. Unsereiner haben sie. Bis Mittag im Druckkochtopf. Und dann passiert so etwas:

– *Herr Lehrer, Oida, Sie sind sauer, weil die Mutter vom Patrick sich wegen der Hausübung beschwert hat und der Direktor mit Ihnen geschimpft hat, und wir müssen jetzt die ganze Stunde schreiben.*
– *Wie kommst du darauf, dass da ein Zusammenhang besteht?*
– *Geben Sie es zu! Voll unfair!*
– *Weißt du was, halt einfach den Mund!*
– *Super Lehrer, Oida.*

Oder das:

– *Herr Lehrer, schnell, der Dominik drückt der Jennifer schon eine Minute den Kopf hinunter …*

– *Moment, ich muss vorher noch …*
– *Im Aquarium!*

Oder das:

– *In einem Zimmer kann kein Nebel sein, Herr Lehrer, oder?*
– *Wie in einem Zimmer? (Pause) Normalerweise nicht. Nebel entsteht, wenn … (Pause) Was willst du mir eigent…*
– *Dann kommt aus dem Geografiekammerl, wo der Patrick die alten Karten schlichtet, gerade Rauch.*

Wenn stimmt, was geschrieben steht, wird solcherart »Stillleben« bald von der Ganztagsschule abgelöst werden. Trotz der damit verbundenen nicht unerheblichen Kosten. Claus Pàndi in der »Kronen Zeitung«:

> *Kostspielig könnte es für den Finanzminister bei der Bildungsreform werden. Das muss es der Regierung wert sein. Zumal sie endlich und einhellig erkannt haben soll, dass Wissen der erste Rohstoff ist, der sich bei Gebrauch vermehrt. Für die Neue Mittelschule benötigt Unterrichtsministerin Schmied ab dem Schuljahr 2010/11 etwa sechs Millionen Euro zusätzlich. Später, im Vollausbau, satte 61 Millionen Euro. Jahr für Jahr. (…) und die Ganztagsschule für 200.000 Kinder, wie von Kanzler Faymann in der Rede an die Nation unmissverständlich verlangt, gibt es keineswegs zum Diskonttarif. Dafür wird Finanzminister Josef Pröll 170 Millionen Euro per anno einplanen müssen.*

Den Kanzler hätte man also auf der »grünen Seite«. Den Rest der Eltern auch. Noch einmal zu der AK-Studie, aus der ich vorhin schon zitiert habe. Jeder zehnte Schüler mit berufstätigen Eltern, habe ich geschrieben, ist nachmittags allein. Ähnlich dramatisch die umgekehrte Betrachtung: Nur drei von zehn

Kindern (29 Prozent) haben in Österreich einen fixen Nachmittagsplatz in Hort oder Schule. Das heißt, dass sieben von zehn Kindern ihre Nachmittage irgendwo verbringen, aber nicht in der Schule. Und das sehr zum Leidwesen ihrer Eltern. Nach den von ihnen präferierten Modellen befragt, sprachen sich 80 Prozent der Eltern für die Einführung einer flächendeckenden »echten« Ganztagsschule mit »verschränktem Unterricht«[34] aus, die reine Nachmittagsbetreuung an Schulen wurde von immerhin 60 Prozent »positiv« bewertet, der Hort von 55 Prozent und eine private, außerschulische Betreuung von 54 Prozent. Im Zusammenhang mit dieser Studie befragte die AK-Mitgliederzeitschrift die Direktorin der Wiener Ganztagsvolksschule Aspernallee, Gabriele Solterer-Ratzer:

? *In echten Ganztagsschulen sind Lernen, Üben und Freizeit über den ganzen Tag verteilt – Eltern beurteilen das als äußerst positiv für die schulische Entwicklung der Kinder.*

! *Lernzeit und Freizeit wechseln sich ab. Die LehrerInnen können, wenn sie merken, die Kinder brauchen jetzt dringend Bewegung, den Kindern diese auch bieten. Wir sind nicht in ein starres Korsett gezwängt, sondern können den Biorhythmus der Kinder respektieren.*

? *Gibt es besondere Förderung?*

! *In den Übungslernstunden wird der Stoff vertieft. Kinder, die Schwierigkeiten haben, bekommen hier eine gezielte Förderung, ebenso Kinder, die besonders begabt sind. Sprachbegabte können bei uns sogar Französisch oder Ungarisch lernen.*

? *Müssen Eltern nach der Arbeit noch bei den Hausübungen mit ihren Kindern sitzen?*

! *Nein. Die Kinder kommen am Montag mit der Schultasche in die*

Schule und nehmen sie erst am Freitag wieder mit nach Hause. Die Eltern müssen nicht mit den Kindern lernen oder über Aufgaben brüten. Das wird hier bei uns erledigt. (...)

Und die Lehrerinnen? Wie ist das mit denen? Können die dann endlich damit aufhören, ihr gesamtes »Büro« jeden Tag in Taschen, Kisten und Sackerln, in Schachteln, Packerln und Wagerln hin und her zu chauffieren? Ich kenne eine Kollegin, die ihr schulisches Hab und Gut tatsächlich im Einkaufswagerl transportiert. Und offenbar ist sie nicht die Einzige: Aus einem Internet-Chatroom: »Meine Schwester ist Lehrerin. Sie lehrt Werken an einer Wiener Volksschule. Jeden Morgen schleppt sie einen riesigen Einkaufswagen aus dem Haus, der mit Holz, Papier, Karton, Klebstoff, Scheren, Wolle und tausend anderen Utensilien gefüllt ist, die man zum Basteln mit Kindern halt braucht. Abends schleppt sie den Wagen dann wieder nach Hause. Warum? Weil der Platzmangel an dieser Schule so eklatant ist, dass man ihr nicht einmal einen Kasten für ihre Unterrichtsmaterialien zur Verfügung stellen konnte.«

Denn, mag noch so viel für die flächendeckende Einführung der Ganztagsschule sprechen – sie ist nur möglich, wenn sie uns endlich ein bisschen Arbeitsplatz zur Verfügung stellen! Richtige Tische mit oben Platz und unten Laden wären ein Anfang, habe ich einmal geschrieben. Dazu bedarf es natürlich der Räume. Haben wir nicht. Nicht die Räume, nicht die Tische, nicht die Kästen. Von PCs und den nötigen Anschlüssen, um die Welt außerhalb der Schulwelt nicht ganz zu übersehen, rede ich gar nicht. Stellen Sie sich einmal vor, eine Apothekerin müsste ihre Paletten mit Tuben, Kartons mit Tabletten, ihre Pillendosen und Medizinfläschchen jeden Tag mit zu sich nach Hause nehmen! Lehrerinnen müssen. Sie haben an ihrem Arbeitsplatz keinen Arbeitsplatz.

Auch Bernd Schilcher ist ein Anhänger der Ganztagsschule. Zu Hubert Arnim-Ellissen sagte er einmal im Ö1-Morgenjournal: »Zwei Stunden mehr Unterricht wären wohl nie ein Thema geworden, wenn Lehrerinnen von halb neun bis halb fünf an der Schule verbringen würden. Eine solche Arbeitszeit wäre auch sinnvoll. Aber dann sollte es mit der Arbeit vorbei sein. Das sind normale Arbeitsverhältnisse.«

ARTGERECHTE HALTUNG

Von Käfighaltung und einstürzenden Schulbauten

Wenn ich die Abende mit meiner Lieblingstante, einer pensionierten AHS-Lehrerin vom guten alten Schlage, kurz halten will, brauche ich nur zu sagen: »Ich finde, Tante, Lehrerinnen sollten in Zukunft ihren Arbeitstag in der Schule verbringen.« Innerhalb von Sekunden ist die Stimmung am pädagogischen Gefrierpunkt.[35]

- *WO verbringen, sag, spinnst du?*
- *An ihrem Arbeitsplatz. Das ist, wenn du mich fragst, die Schule.*
- *Aha. Und wo dort? Im Biologiekammerl?*

Bildungsexpertin Christa Koenne brachte das Problem in einer Diskussionsrunde von Gabi Waldner im ORF-Studio pointiert auf folgenden Punkt: Die Gewerkschaft trete seit Jahren deswegen *nicht* für eine Verbesserung der Arbeitsplatzsituation ein, weil es dann öffentlich nicht mehr argumentierbar wäre, dass Lehrerinnen zu Mittag nach Hause gehen würden.
Das saß.

Nun ist die Rolle mancher Lehrerinnengewerkschafterinnen zwar zu Recht umstritten[36] (obwohl ich inzwischen einige kennengelernt habe, die ich guten Gewissens von Kritik ausnehmen kann), aber hier wird über das Ziel geschossen. Die Lehrerinnen, die ich kenne, werden von ihren Eigenheimen keineswegs angezogen wie das Meer vom Mond. Was auch am Alter liegt.

Im Gesamtschnitt sind wir ja inzwischen hart dran an unseren Wechseljahren und damit unsere Kinder im Großen und Ganzen das, was man »draußen« nennt. In anderen Worten: Sie leben bei uns, essen bei uns, lassen sich von uns ihre Wäsche waschen und die Einkäufe erledigen, allerdings bestimmen jetzt sie, wann und wie das alles abläuft, was uns zusätzliche Lebenszeit schenkt. Dazu kommt, dass die meisten von uns zu Hause Ehemänner und -frauen sitzen haben, die sie lange genug kennen, um die Stunden knisternder Erotik bzw. ungezügelter Leidenschaft an den Wochenenden mit Zwickeltagen bequem unterzubringen.

Manchmal sitzen wir also lange nach Unterrichtsschluss noch gemütlich zusammen, schneiden eine Wurst, wuzeln mit unseren Kreidefingern Vollkornbrot, das bei »Ernährung und Hauswirtschaft« übrig geblieben ist, und reden über das Leben. Zum Beispiel über das Wohnen mit Qi. Früher einmal hatte man sich ja bei der Schaffung des Eigen- oder Mietheims nach der Geldbörse gestreckt, später kam dann die Frage der IKEA-Kompatibilität dazu, in den 1990ern der Mondkalender – heute ist es das Qi (gesprochen: Tschi). Einmal erzählte Kollegin soundso launig eine Schnurre, deren Ohrenzeugin sie bei einem Besuch im esoterisch unterminierten Freundeskreis geworden war:

- *Und wenn es dir dein Feng-Shui-Berater tausendmal so aufgezeichnet hat: Glaub mir, wir können das Bett nicht soundso hinstellen.*
- *Meinst du, dass das Kopfteil das Qi blockiert?*
- *Nein, ich meine, dass dann die Tür nicht mehr zugeht.*
- *Und hast du schon wegen der unterirdischen Donauarme gefragt?*
- *Donauarme?*
- *Ich habe dir doch gesagt, dass man es unbedingt vermeiden*

sollte, dass ein Fluss mit starker Strömung direkt auf das Haus zufließt oder sich die Strömung eines Gewässers direkt auf ein Haus zubewegt.

– *Wir wohnen bitte auf dem Laaer Berg.*
– *Noch nie etwas von unterirdischen Zuflüssen gehört?*

Worauf ich hinauswill: Qi-mäßig hätte unser Schulgebäude Aufholbedarf. Als die Wien-Politikerin Susanne Jerusalem[37] vor ein paar Jahren eine Liste von 20 baufälligen Wiener Schulen präsentierte, schrieb ich im »Standard«: »Einstürzende Schulbauten? Endlich!« Mein Ansatz damals wie heute: Sparen wir uns die Milliarden, die die Renovierung und Restaurierung alter Schulgebäude verschlingt, und lassen wir die Bulldozer und Planierraupen ihre ehrliche Arbeit tun! Drei Viertel unserer Schulen sind lebensbedrohlich. Nicht nur die baufälligen. Auch die anderen. 90 Prozent von dem, was unseren Schülern – und deren Lehrerinnen – täglich das Leben vergällt, hat damit zu tun, dass Schule in Schulhäusern passiert, die nicht von gestern sind, sondern von vorgestern: Zweierreihen. Gangpausen. Sitzpausen. Schulwart. Kaugummiverbot. Handyverbot. Redeverbot. Schuhe aus, Schuhe an. Und: »Ruhe, zum Kuckuck, es hat noch nicht geläutet!« Und: »Nein, keine Fragen mehr, es läutet gleich.« Und: »Pscht! Der Mund ist zu beim Runtergehen, denn es ist Unterricht in den Klassen!« All das ist direkt oder indirekt Folge der im Schulwesen immer noch vorherrschenden Kasernen-Architektur. Die beiden Journalistinnen Ingrid Brodnig und Sibylle Hamann, denen im »Falter« unter dem subtilen Titel »Reißt unsere Schulen ab!« eine profunde Bestandsaufnahme des österreichischen Schulunwesens gelungen ist, ließen darin den Studiendekan für Architektur an der TU-Wien, Christian Kühn, die Frage beantworten, warum allein schon die Größe der Klassenzimmer so *hm* sei. Kühn: »Die Wiener Standardschulklasse misst heute (genau wie vor 300 Jahren, Anm. d. Autors) rund 65 Quadratmeter. Man hat damals einen Quadratmeter pro Schülerkopf gerechnet, dazu eineinhalb Quadratmeter für den Lehrer und weitere eineinhalb für den Ofen.« Zugegeben, Öfen sind selten geworden. Heute sitzen auch keine 60 Schüler mehr in unseren Klassen. Allerdings waren das damals keine Renés und Jacquelines ...

Oder die Gänge, die Gleiskörper in einem österreichischen Schulgebäude. Nach Kühn blockieren die Gänge mehr als ein Drittel (!) der Gesamtfläche des zur Verfügung stehenden Raums für »Verkehr« und können daher nicht produktiv genutzt werden. Architekten, die sich beim Bau moderner Schulen vom »Prinzip Gang« verabschieden[38], kommen mit fünf Prozent »Verkehrsfläche« aus. Als die ersten theresianischen Schulen gebaut wurden, konnte man sich »Schulhäuser« anders nicht vorstellen. Da war die große Schulkaserne, durchzogen von Gängen, in denen die angehenden Jungmänner im Stechschritt von Klasse zu Klasse zogen, eine architektonische Meisterleistung. Die Jahrgangsklassen für alle (auch Mädchen) stellten eine soziale Errungenschaft dar. Aber damals sagte man auch noch »Herr Vater« und der Naturkunde-Lehrer konnte sich schon mit der Kreidezeichnung eines Kamels respektvolles Staunen und Raunen sichern. Und im Wiener Gemeinderat wurde überlegt, wie der fortschreitende Verkehr mit der zu erwartenden Unmenge an Rossknödeln zusammengehen würde.

Die Idee, Kinder zum Zweck der allgemeinen und einheitlichen Klugwerdung in möglichst großer Zahl in möglichst großen Häusern zusammenströmen zu lassen, basiert in Österreich auf der »Allgemeinen Schulordnung« Maria Theresias vom Ende des 18. Jahrhunderts. Zeitgleich wurden andere, bis heute gültige Standards des Schulalltags eingeführt: die bereits erwähnte »Jahrgangsklasse«, nachempfunden den preußischen Militärschulen. Die »Schulglocke«, abgeleitet von der Trillerpfeife, die im Unterricht einen 50-Minuten-Takt vorgibt, wie er früher notwendig war, um Kompatibilität mit dem Kasernenhof zu erzielen. 50 Minuten lang wurde exerziert, zehn Minuten hatte man für Rauchen und Austreten. Dass die 50-Minuten-Stunde, Basis sämtlicher Stundenpläne und anderer organisatorischer Scheußlichkeiten wie »Gangaufsicht«, »Sitzpause«, »Kurzkonferenz« etc., pädagogischer Unsinn ist, bestreitet heute niemand mehr. Dennoch hält man in den meisten Schulen Österreichs – doch, Ausnahmen gibt es! – daran fest wie der Speck am Handynetz.

Auch das »Schuljahr« selbst leitet sich vom Kriegsdienst ab: Gleichzeitig mit den wehrpflichtigen Rekruten wurden eben auch die Kinder im Herbst einberufen. Für Lehrerinnen ist die Einteilung in Schulzeit auf der einen Seite und fix vorgeschriebene kleinere und »große Ferien« auf der anderen Seite kein Segen, auch wenn es immer wieder so dargestellt wird. Die schulischen »Semesterferien« resultieren aus der »Energie-Woche« und wurden beibehalten, weil Fremdenverkehr und Sportindustrie die Gunst der Stunde nutzten, um hier eine zusätzliche »Hochsaison« einzuziehen. Weihnachts-, Oster- und Pfingstferien resultieren aus dem christlichen Festtagszyklus und machen vor allem in Wien schon allein deswegen Probleme, weil man in den verschiedenen Konfessionen nach unterschiedlichen Kalendern feiert. Deren Glaubensanhänger, so säkularisiert diese Anhängerschaft inzwischen auch sein mag, haben ein gesetzliches Recht darauf, ihre Feste zu feiern. Wenn es also zum Beispiel nach Weihnachten endlich wieder in die Zielgerade Richtung Semesterende gehen könnte und sollte, fehlt der Lehrerin nicht selten die Hälfte der Klasse.

– *Zeljko, wieso warst du jetzt eine halbe Woche nicht da?*
– *Wir haben serbisches Weihnachten gefeiert.*
– *Deine Mutter hat mir gesagt, ihr feiert eh auch am 24.*
– *Aber meine Oma nicht.*
– *Aha. Und die anderen Tage?*
– *Auch Feiertage. (Pause) Den zweiten und dritten weiß ich jetzt nicht genau, aber der vierte war unser Familienheiliger, zu dem wir beten.*
– *Und welcher war das jetzt?*
– *Sie meinen den Namen?*
– *Zum Beispiel.*
– *(Pause) Soll ich Ihnen sagen, wie er ausschaut?*

Immer wieder Thema harscher Kritik an den Lehrerinnen sind die »großen Ferien« im Sommer. Die verdankt das Land der Landwirtschaft. Früher brauchte man im Sommer die Kinder für die Arbeit auf dem Feld. Das Vieh musste auf die Weiden gebracht und dort gehütet werden. Da hatte Bildung Pause. Heute wissen die Eltern nicht, wie sie neun Wochen lang ihre Kinder hüten sollen, während sie gleichzeitig arbeiten gehen müssen …

Schulbeginn ist der September, im engsten Sinne des Wortes naturgemäß für die neuen ersten Klassen. An der Tür klebt oder steckt oder hängt dann die »Einheit«, zu der die Tafelklassler abkommandiert sind: Marko ist 1A, Mirko ist 1C. Marko und Mirko sind Freunde, aber sehen werden sie sich in den nächsten Jahren nicht oft, denn der Besuch anderer Klassen ist den Schülern in den meisten Schulen verboten. Das hat (auch) rechtliche Gründe. Keine Lehrerin will schuld sein, wenn im gesetzlichen Leerraum etwas passiert. Wer ist als Gangaufsicht von wo bis wohin zuständig? Wer sichert das Gangfenster zwischen den Stockwerken? Und niemand legt Wert auf die zusätzlichen Brösel, die sich ergeben können, wenn Schüler »herumspazieren«, um auf ihre Art und Weise Socializing zu betreiben. Oktay aus der 4A steht vor der 3C und redet auf Ahmet ein:

– *Ich soll dir vom Renne sagen, du sollst der Nadja sagen, er will sie nach der Schule treffen.*
– *Welcher Renne?*
– *Er sagt, er geht mit Nadja. (Pause) Aber pass auf. Ich glaube, er will sie betrunken machen.*
– *Er will sie betrunken machen?*
– *Er sagt, sonst küsst sie ihn nicht.*
– *Sag ihm, er kann nach der Schule die Ruth treffen, die küsst immer.*
– *Die Ruth von der 4B? WÄÄÄH!*
– *(Pause) Die Nadja geht aber nicht in diese Klasse.*
– *Wieso, die geht doch in die 3B.*
– *Aber das ist die 3C.*
– *Bist du nicht Kemal?*
– *Nein, Ahmet. Und die Nadja aus der 3B geht seit Dienstag mit mir.*

Und so weiter. So etwas kann gut gehen oder auch nicht. Besser also für die zarten Nervenkostüme der Lehrerinnen, die Schüler bleiben, wo sie sie in ihren Blickfeldern haben: in ihren Klassen. 25 gesetzlich gedeckelte Schüler auf wie gesagt durchschnittlich 65 Quadratmetern, die sie sich mit ihren Möbeln teilen, Zweiertischen und Sesseln, bei denen du schon vom bloßen Hinschauen Haltungsschäden bekommst (auch wenn sie angeblich alle das Pickerl des Arbeitsmediziners haben). Ecken und Kanten, meist in Reih und Glied wie vor 200 Jahren, an denen Jahr für Jahr 1,2 Millionen unschuldige Kinder, wenn sie nicht gerade sitzen, ihre Leibesfüllen reiben. Apropos. Mit Kalorien hat ja selbst die Mathe-Lehrerin inzwischen mehr zu tun als mit dem pythagoreischen Lehrsatz. Und wenn alles Zählen nicht hilft, wendet sie auch mal die Walleczek-Methode an:

- *Daniel, könntest du bitte auf den Tisch stellen, was du heute alles in der Schultasche hast?*
- *Sie meinen die Schulsachen?*
- *Ich meine alles außer den Schulsachen.*

Danach ist die Schultasche leer und auf dem Pult liegen eine Zwei-Liter-Flasche flüssigen Inhalts in der Farbe Neongrün, eine Packung Paprika-Chips, diverse Schokoladen und drei Käseleberkässemmeln.

- *Meinst du nicht, dass drei Käseleberkässemmeln ein bisschen viel sind – ich meine dafür, dass du heute um zwölf Uhr Unterrichtsschluss hast?*
- *Wieso? Bis zwölf Uhr haben wir eh noch drei Pausen ...*

Ganz anders Kathi. Die möchte zwar nicht essen, aber dafür telefonieren. Ihr jüngerer Bruder ist allein zu Hause und sie hat es ihrer Mutter versprochen. Sie fragt also die Lehrerin, ob sie darf. Falscher Zeitpunkt! Die Lehrerin ist mit den Augen gerade hinter Sabrina her, die sich gerade anschickt, die nächsten 15 Minuten auf dem Klo zu verbringen – dem einzigen Platz für ein gepflegtes Ziga... nein: Geraucht wird an einer österreichischen Schule nicht! Die Lehrerin war also nur mit halbem Ohr bei Kathi, bevor sie antwortet:

- *Telefonieren? Nein! Wieso? Nein! Und steck das Handy weg! Sonst kann es deine Mutter morgen gleich in der Direktion abholen.*

Die richtige Reaktion? Natürlich nicht! Aber lassen Sie es mich so sagen: Wer in einer Kaserne lebt, muss früher oder später zum Soldaten werden.

Auch das gilt: Wer immer nur von Tellerchen isst und aus Becherchen trinkt, läuft Gefahr, selbst zum Zwerg zu werden. Fünfzigmalzwanzig Zentimeter Abstellfläche stellt man mir in meinem Lehrerinnenzimmer zur Verfügung. In einem Raum, der auch nicht viel größer ist als bei meinen Freunden das Wohnzimmer, teilen sich 40 erwachsene Menschen zirka 15 quadratische Tischchen (ohne Laden), so ähnliche, wie sie in großen Möbelhäusern als Blumentische verwendet werden. Das Teehäferl auf meinem Arbeitsplatz gehört meistens meiner Kollegin, die im 90-Grad-Winkel zu mir sitzt. Wenn sie da sitzt. Meistens sitzt sie da aber nicht, wenn ich sie fragen möchte, ob es sich um ihr Teehäferl handelt, das meinen Arbeitsplatz besetzt, meistens hat sie Gangpause oder hechelt von einer Klasse gerade zur nächsten, manchmal sitzt sie auch am Telefon. Eine andere ferne Kollegin erzählte mir von einem Gespräch, dessen Ohrenzeugin sie geworden war:

– *Ja, bei uns müssen Hausschuhe getragen werden. Wir sind nämlich eine sogenannte »Patschenschule«. Bei uns ... – Nein, für uns Lehrer gilt dieses Gebot nicht. Aber die meisten von uns tragen freiwillig Haus... – Richtig, wir haben auch eigene Lehrer-Klos, die ... – Nein, das ist unmöglich, gnädige Frau. Dann hätte ja Ihr Kind einen Schlüssel, der überall sperren würde, auch im Lehrerzimmer, das ... – Ja, ich werde es der Frau Direktor ausrichten. – Selbstverständlich. Ein Anruf im Landesschulrat steht Ihnen frei. Es tut mir leid, wenn ... Hallo? Hallo? Sind Sie noch ...?*

Und so weiter. Das trägt alles nicht zur persönlichen Zufriedenheit bei. Wie eine vom linken Arm unserer Gewerkschaft in Salzburg durchgeführte Fragebogen-Erhebung unter rund tausend Pflichtschullehrerinnen ergab, sind rund 30 Prozent nur »wenig«, sechs Prozent »gar nicht« zufrieden mit ihrer »Arbeitssituation«. Nach den »Problemen mit verhaltensauffälligen Schülern« kam – unmittelbar vor dem »Arbeitsplatz« – der Lärm: Laut Bernd Chibici von der »ARGE Zuhören« herrschen in drei Viertel aller österreichischen Schulen schlechte akustische Rahmenbedingungen. Besonders extrem sei die Situation in Pausenhallen und -gängen, Turn- und Werksälen, wo der Geräuschpegel bis zu 100 Dezibel ansteige. Das entspricht der Lautstärke eines Presslufthammers. Schuld seien die im Schulbau genutzten Materialien wie Glas, Stahl und Beton, die den Hall reflektieren. Dämpfende Teppiche oder Vorhänge fehlten, angeblich aus Brandschutzgründen. Chibici: »Dabei gäbe es auch feuerfeste Ausführungen, die sind nur eben teurer.«

Ich bin ja wie gesagt für »Markieren – Löschen«. Und plädiere, was städtische Ballungsräume betrifft, für die flächendeckende Schaffung eines neuen Systems bestehend aus Haupt- und Neben-Schulräumen. Das bestehende Schulgebäude wird zum Mutterschiff, das – nicht nur, aber vor allem – wieder den Lehrerinnen gehört. Jede hat ihren Arbeitsplatz, es gibt eine Direktion, die diesen Namen auch verdient, es gibt Rückzugsraum. Dort sind natürlich weiterhin die Großräume untergebracht: Turnsäle, Küche, Bibliothek, Physiksaal, eventuell ein Schulkino oder ein Schultheater. An jede dieser Schulen sind fünf, sechs, ja zehn, fünfzehn externe »Lern-Studios« angeschlossen, klein und schnuckelig, jedenfalls kleingruppengerecht, mit ein paar richtigen Möbeln aus dem richtigen Leben. Dafür könnte man etwa in Wien Gemeindewohnungen verwenden und kind- und jugendgerecht herrichten.

Ist man dann öfter unterwegs als bisher? Ja! Und gut so, oder glaubt einer, es ist für irgendwen gesund, acht Stunden am Tag in einer Klasse zu verbringen? Für den Schüler nicht und für die Lehrerin erst recht nicht. Kann mehr passieren, wenn man mehr unterwegs ist? Natürlich. Bedenken Sie, dass schon Ödön von Horváth in Paris von einem herabstürzenden Ast erschlagen wurde. Kann dann noch Völkerball gespielt werden?[39] Ja, siehe oben.

Als »Mutterschiff« bliebe das Schulhaus Mittel- und Ausgangspunkt jedes schulischen Geschehens. Aber dieses könnte unter neuen Rahmenbedingungen – räumlich, zeitlich, inhaltlich – völlig neu strukturiert werden. Und vielleicht gäbe es dann auch für eine Lehrerin einmal im Jahr ein »Reiseschnäppchen« zum halben Preis, aber dafür mit doppeltem Erholungswert … Ganz allein stehe ich mit meinen Reformideen ja nicht. Christa Koenne[40]:

»Schule ist ein Ort, wo gescheite Experten in einer dummen Organisation arbeiten. Die Lehrer wissen, dass eine Stunde Chemie pro Woche nichts bringt, für viele Lehrinhalte macht der 50-Minuten-Rhythmus keinen Sinn, aber es gibt keinen Gestaltungsspielraum. Die Experten wissen, wie es besser geht. Aber weil das System obrigkeitshörig ist, wird ihre Expertise nicht handlungsrelevant.« Und weiter: »Ein Jahresarbeitszeitmodell ließe sich (…) entwickeln. Ich wünsche mir eine Schule, die auch im Sommer bespielt wird. Das könnte Betreuungsprobleme lösen und Kindern helfen, die nachlernen müssen.«

Es gibt also solche Lehrerinnen – und dann gibt es da meine Lieblingstante. Sie schrieb, nachdem ich sie unvorsichtigerweise in meinen Text hineinlesen hatte lassen, in einem augenzwinkernd bösen Brief zum Thema Ganztags- und Gesamtschule an mich Folgendes:

Um ehrlich zu sein: Ich bin entsetzt. Ich sage nicht, dass sich in der Schule nichts ändern soll! Vieles an den AHS liegt im Argen. Ein besonderes Problem sind die 5. Klassen der AHS, in denen viele Schüler nur ihr letztes Schuljahr absitzen und denen die Noten zum Teil völlig egal sind. Solche Schüler können einen guten Unterricht unmöglich machen. Ein oder zwei Störer sind zu verkraften; drei oder vier sind schon ein ernstes Problem, fünf oder sechs sind ein Todesurteil für den Unterricht. Und da sind wir bei der Kernfrage: Wie kommen die lernwilligen und lernfähigen Kinder dazu, auf einen hochwertigen Unterricht verzichten zu müssen, weil andere Schüler ihn boykottieren? Warum muss man unbedingt lernwillige und lernunwillige oder weniger lernfähige Kinder nebeneinandersetzen?
Es ist ein ernstzunehmendes Argument, dass viele Kinder trotz hoher Intelligenz keine höhere Schule besuchen, und diese Schüler sollen gefördert werden. Das ist auch mir ein Anliegen. Aber alle Schüler in einen Topf werfen ist nicht der geeignete Weg. Besonders nicht, solange die Deutschkenntnisse mancher Schüler so mangelhaft sind, dass sie einem anspruchsvollen Unterricht nicht folgen können.
Manchmal wird argumentiert, dass der Lehrplan an allen Unterstufenformen »ohnehin« gleich ist, und da kann man ja gleich die Gesamtschule daraus machen. De facto ist aber ein himmelhoher Unterschied zwischen der AHS und der ersten Leistungsgruppe der NMS und der HS in Bezug auf das Lernvolumen und das, was die Schüler tatsächlich können.
Und ein Manko in den ersten vier Jahren setzt sich an der Oberstufe fort. Wenn die Schüler aus der Unterstufe nicht das entsprechende Wissen und Können mitbringen, leidet die Qualität der Oberstufe.
Das Schlimme an den Schulreformen ist, dass immer alles für alle gelten muss. Und dabei ist ständig die Rede vom differenzierten

und kindgerechten Unterricht. Kinder sind aber verschieden. Was dem einen gerecht wird, ist für das andere grobes Unrecht. Die soziale Kompetenz fördert man nicht dadurch, dass man neue Ungerechtigkeiten einführt.

Den Hinweis auf jene Länder, in denen schon lange Gesamt- und/oder Ganztagsschule üblich ist (in den USA seit jeher, in Großbritannien z. B. seit einem halben Jahrhundert), finde ich nicht überzeugend. Sind die sozialen Probleme in diesen Ländern weniger? Gibt es dort mehr Chancengleichheit? Weniger Arbeitslose? Weniger Gewalt? Das PISA-Vorzugsschülerland Finnland hat ein extrem hohes Alkoholproblem und eine sehr hohe Selbstmordrate. Wenn die Schulform dieser Länder so ideal ist, dürfte es das alles dort eigentlich nicht geben.

Hand in Hand mit der Forderung nach der Ganztagsschule geht die Idee der Ganztagslehrer. Frage: Warum soll der Lehrer seine unterrichtsfreie Zeit in der Schule verbringen müssen?

Weil ein Angestellter in seiner Arbeitszeit an seinem Arbeitsplatz zu sein hat? Und damit endlich der Eindruck verschwindet, dass Lehrersein ein Halbtagsjob ist? Die Forderung kommt in einer Zeit, in der immer mehr Angestellte zu Hause arbeiten. Manche Firmen sparen den Arbeitsplatz oder haben zu wenig Raum. In Zeiten des Computers und der Vernetzung ist das möglich. Nur für Lehrer darf das nicht gelten.

Die einzig sinnvolle unter den diskutierten Reformen ist auch die dringendste: Reduzierung der Klassenschülerzahl – nicht um 1 oder 2, das ist Augenauswischerei, sondern auf 12, maximal 15 Schüler. Ohne diese Maßnahme ist alles andere sinnlos! Diese Reform muss zuerst umgesetzt werden. Dann kann man an alles andere denken. Und solange es die AHS gibt, muss die Senkung der Klassenschülerzahl auch dort umgesetzt werden, und nicht nur auf dem Papier, sondern in der Realität und ohne Ausnahme und Sonderregelung, sonst wird die AHS als gesonderte Schul-

form »ausgehungert«, und das ist ein fieser Trick. Man schafft damit die AHS nicht ab, man richtet sie stillschweigend zugrunde, indem man sie einfach schlechter behandelt als die anderen Schulformen.
Wie man die Schule dann nennt, ist egal. Meinetwegen soll sie dann Gesamtschule heißen und alle Kinder eines Sprengels sollen in dasselbe Gebäude gehen. Damit fällt schon einmal die Diskriminierung weg. Aber innerhalb der Schule muss es Leistungsgruppen geben, und nicht nur in Deutsch, Englisch und Mathematik, sondern in allen Fächern. Denn warum dürfen die an Geschichte oder Physik Interessierten das ihnen entsprechende Niveau im Unterricht nicht haben, weil andere Schüler das Fach nicht interessiert?
Aber ich glaube nicht daran, dass die Klassenschülerzahlen gesenkt werden. Jetzt nicht und später nicht. Und die Einführung der Gesamtschule bei der derzeitigen Klassengröße halte ich für eine Katastrophe. Damit würde man die Vorteile unseres Schulsystems streichen und die Nachteile verschärfen.
Ich appelliere an alle Verantwortlichen: Lasst die Kinder lernen! Die, die es können und wollen! Denn zum Lernen zwingen kann man niemanden. Es sollen die Kinder aus den unterprivilegierten Schichten jede Förderung haben, die sie brauchen, sie sollen alles bekommen, was sie motiviert und was ihnen über Schwierigkeiten hinweghilft. (Das beginnt schon bei einer gerechten Entlohnung der Eltern.) Aber man darf es nicht den anderen wegnehmen. Die, die nicht lernen können (oder wollen), müssen gefördert werden, aber die, die es können (und wollen), müssen gefordert werden, gefordert, mit o!

Hm.
Seiner Lieblingstante sollte man ja nicht widersprechen. Aber seiner Gewerkschaft darf man, überhaupt wenn die so *hmhmhm*

ist wie die unsere. Im vergangenen Mai hatte es Wissenschaftsministerin Beatrix Karl gewagt, ein Tabu zu brechen und als erste ÖVP-Spitzenpolitikerin öffentlich für ein gemeinsames »Gymnasium für alle« einzustehen: Es sei eine Frage der gesellschaftlichen Gerechtigkeit, es mache nationalökonomisch Sinn, eine gemeinsame Schule bis zur 9. Schulstufe würde Eltern, Schülern und Lehrerinnen summa summarum sehr viel Stress ersparen und die Leistungen der Schüler im Gesamten heben. Ob die Ministerin diesen Vorstoß mit ihrem politischen Leben bezahlt hat, war, als ich diese Zeilen schrieb, noch nicht heraus. Aber die Reaktionen ihrer Partei-»Freunde« sprachen für sich: Sie möge »den Mund halten« – so sinngemäß die Vorsitzende der AHS-Lehrerinnengewerkschaft Eva Scholik. Ihre Äußerung sei ein »Skandal« – so der Chef der Pflichtschullehrerinnengewerkschaft Walter Riegler. Es handle sich um die unbedeutende und entbehrliche Privatmeinung einer Einzelperson, so Außenminister Spindelegger in seiner Funktion als ÖAAB-Obmann. Und dass Ministerin Schmied ihrer Kollegin aus vollem Herzen zu ihrem mutigen Auftritt gratulierte, wird Frau Karl parteipolitisch auch nicht geholfen haben. Trotzdem, Tante: Beatrix Karl und Claudia Schmied haben, was die Notwendigkeit einer gemeinsamen Mittelschule betrifft, wie auch immer die heißen mag, recht! Und die Damen und Herren Gewerkschafter an ihren Betonmischmaschinen sollten meiner Meinung nach endlich damit aufhören, Schulpolitik zu betreiben. Das ist nämlich nicht ihr Job.

DAS KREUZ MIT DEM KOPFTUCH

Eine Lanze für den Religionsunterricht

Spätestens gegen November kriegen die Musiklehrerinnen an Schulen wie der unseren den Blues. Da sitzen sie, die Gitarre auf dem Knie, im pädagogisch wertvollen Sesselkreis und stellen fest, dass keiner in der Klasse »O Tannenbaum« kann, von intraalpinem Liedgut wie »Es wird scho glei dumpa« ganz zu schweigen.

– *Ali, kennst du denn kein einziges Adventlied?*
– *Was für ein Windlied?*

Mitunter zeigt dann eines dieser Mädchen, denen von einem Tag auf den anderen Zungen-Piercings wachsen, auf und kennt »Very Last Christmas I Gave You my Heart« (oder so). Nun hast du mit deiner Klasse schon die letzten zehn Jahre kein anderes Weihnachtslied mehr einstudiert als »Very Last Christmas I Gave You my Heart« (oder so), und einer deiner Neujahrsvorsätze ist gewesen, »Very Last Christmas I Gave You my Heart« (oder so) in diesem Leben nie wieder einzustudieren. Also versuchst du es einmal mit »Aba heidschi bumbeidschi«. Dieses auf den ersten Blick ins orientalische Fach von »New-Age-Musik« gehörende Volkslied hat nämlich auch auf den zweiten Blick mit Weihnachten rein gar nichts zu tun, was religiöse Befindlichkeiten obsolet macht, gleichzeitig besitzt die Melodie so etwas wie eine vorweihnachtliche Verve. Fehlschlag! Genauso gut hättest du es mit Bruckners Achter probieren können. Spätestens im Dezember ist »Heidschi« aus dem Rennen. Letzer Versuch:

– *Kennt wer von euch »A a a, der Winter der ist da«?*
– *Oida!*
– *Okay. »Very Last Christmas«.*

Waren das noch Zeiten, als wir in der Klasse alle katholisch waren und die beiden Rothaarigen evangelisch! Für das Entzünden des Adventkranzes plus besinnlichem Schweigen gingen jeden Tag zehn Minuten drauf; Mütter von Kindern, denen ein »Nicht genügend« drohte, schaufelten palettenweise Vanillekipferl in die Direktion, von wo sie dann spätestens im Mai ihren Weg in die Klassen fanden; und das gemeinsame Intonieren von »Maria durch ein Dornwald ging« beim Krippenspiel im Stiegenhaus rührte selbst das härteste Heimleiterherz. Bekanntlich geht die Religion an unseren Schulen aber inzwischen als Ganzes den Dornwald hinunter. Als Wiener Lehrerin siehst du der »Vanishing Race« des jugendkatholischen Österreichs quasi fußfrei beim Verschwinden zu. Gleich zu Schulbeginn pflegen die Klassenvorstände die Formulare für die Abmeldung vom Religionsunterricht auszuteilen. Das geschieht gesetzeskonform – eine Abmeldung ist nur möglich, wenn sie innerhalb der ersten Schulwoche erfolgt – und nicht immer ganz suggestionsfrei. Hat eine Schule viele Schüler, die den Religionsunterricht besuchen, welcher Konfession auch immer, hat sie auch viel Nachmittagsunterricht. Einerseits, weil Religion am Vormittag andere Stunden dorthin verdrängt – andererseits, weil es andere Stunden an den Nachmittagen bindet. Auch dafür sind ein paar Buchstaben des Gesetzes verantwortlich: Isoliert, das heißt ohne eine andere Unterrichtsstunde vorher oder nachher, darf etwa in Wien »Religion« nicht (mehr) angeboten werden. Mit beiden Maßnahmen – 1) Abmeldung entweder sofort oder gar nicht, 2) Religion nur mit Flankenschutz durch andere Gegenstände – wollen Diözese und Kirchen dem tröpfchenweisen

Versickern des religiösen Schullebens entgegenwirken. Erfolgreich?

Nach einer kurzen Belehrung der Schüler kannst du die Hände kaum noch zählen, die in die Höhe schießen, wenn du dann fragst, wer »nicht geht«. Natürlich hat das auch etwas mit dem Religionsunterricht per se zu tun.

- *Iwan, Oli und Koni, ihr geht also heuer wieder in Religion. Bravo! (Pause) Und warum, wenn ich fragen darf?*
- *Weil ich muss, ich will eh nicht!*
- *Und du, Iwan, warum gehst du?*
- *Weil ich muss. Mein Vater sagt, wer nicht in Religion geht, kann später nicht heiraten.*
- *Oli?*
- *Wegen der Firmung.*
- *Aha, du willst gefirmt werden ...*
- *Ja, da krieg ich dann eine Videokamera.*
- *(Pause) Und was macht ihr so in den Reli-Stunden?*
- *Karten spielen.*
- *Karten spielen?*
- *Ja. Das Spiel heißt Amen.*
- *Amen?*
- *Das ist wie Uno. Nur sagt man bei der letzten Karte nicht »uno«, sondern »amen« ...*

Fazit: In meiner aktuellen Klasse sitzen zwei bekennende Katholiken neben fünf Moslems und neun Serbisch-Orthodoxen, die anderen haben keine Konfession. Wie viele von diesen dem Religionsunterricht dann tatsächlich regelmäßig physisch beiwohnen, wollen Sie gar nicht wissen! Damit es jetzt kein Missverständnis gibt: Die Religionslehrerinnen sind frei von Schuld, denn ihr Los ist hart: Zum einen kriegen sie ihre Stunden an immer mehr Schulen eben nur noch an den Nachmittagen, was auch daran liegt, dass die Schulleiterinnen nicht wissen, was sie an den Vormittagen mit all den Kindern machen sollen, die sich abgemeldet haben. Und erzähl einmal unseren Renés und Patricks vom lieben Gott, wenn sie für dieses »Leckerli« um 16.45 Uhr noch einmal in die Schule kommen müssen, im schlimmsten Fall »nur« wegen Reli, weil »Kochen« vorher ausgefallen ist. Dazu kommt die, nennen wir es vorsichtig: besondere Stellung der Religionslehrerinnen. Sie unterrichten einen »Pflichtgegenstand«, der keiner ist, in Gruppen, die es in dieser Zusammensetzung »normal« gar nicht gibt, zu Zeiten, in denen der Schulwart unter einer Tischbank den letzten Kaugummi lang zieht. Da wird Motivation auf eine harte Probe gestellt. Eine mir bekannte Religionslehrerin verriet mir eines Tages ihren Plan, ihre Stunden in Hinkunft als »Sesselkreis rund um eine Kerze« anzulegen. »Das wird nichts«, habe ich ihr gesagt, »im Sesselkreis kannst du mit 14-Jährigen bestenfalls Flaschen drehen, und vergiss die Kerzennummer!« Leider ließ sie sich nicht überzeugen. Wer sich ab November in eine ihrer Stunden verirrte, kam sich vor wie in der Praxis eines Paar-Therapeuten.

In vielen Fällen fehlt Religionslehrerinnen auch die Unterstützung durch ihre Kolleginnen. Kein Wunder, sie unterrichten an zwei, drei, vier verschiedenen Schulen, und zwar eben Religion und sonst nichts, das heißt, sie sind in den Lehrkörpern nicht integriert. Das liegt an der unglücklichen Einstellungspraxis der Kirche. Es ist ja so: Du kannst dich zum Religionslehrer zwar an jeder Pädagogischen Hochschule ausbilden lassen (ich zum Beispiel bin unter anderem in Besitz dieses hart erarbeiteten sogenannten »Befähigungszeugnisses zur Erteilung des Religionsunterrichts«), aber unterrichten lassen sie dich nicht. Da lässt die Kirche nämlich nur jene ran, die an den eigenen »Religionspädagogischen Hochschulen« ausgebildet wurden.

Ich hoffe, das sagt man den Studierenden inzwischen, uns hat man es nicht gesagt.

Apropos Schein und Sein. Der Mythos besagt, dass Österreich ein »katholisches Land« sei. Die nackte Wahrheit zeigt sich in leeren Kirchen (auch schon vor der jüngsten Austrittswelle im vergangenen Frühjahr), leidigen Diskussionen um Schweizer sowie Floridsdorfer Minarette sowie diversen selbst ernannten Kreuzrittern, die dann Bundespräsident oder Bürgermeister werden wollen. Anlässlich des jüngsten Papstbesuchs veröffentlichte die »Presse« das Ergebnis einer landesweiten Umfrage zum Thema Glauben. Man glaubte es kaum. Drei der Highlights:

- Gerade noch vier Prozent der Österreicher unter 50 gehen »regelmäßig in die Kirche«.
- Dass »Gott die Erde in sechs Tagen erschuf«, glauben selbst unter den sich als Katholiken bezeichnenden Österreichern nur noch neun Prozent. In etwa so viele Österreicher glauben übrigens an UFOs und Hexen, je acht Prozent nämlich.
- 63 Prozent der Österreicher halten es »nicht für reizvoll«, den Papst live zu erleben.

Es braucht jetzt aber ja keiner zu glauben, dass andere Konfessionen nicht von religiöser Schwindsucht befallen wären. Einmal lief mir eines späteren Nachmittags unser Islam-Lehrer über den Weg. Er nahm, Sorgenfalten auf der Stirn, das Gespräch auf.

– *Herr Kollege, Entschuldigung, aber bei mir fehlt heute die Hälfte der Kinder. Ist vielleicht irrtümlich freigegeben worden?*
– *Schreiben Sie mir alle Namen auf, Herr Kollege, ich geh morgen durch die Klassen.*
– *Gülten. 2A.*

Daher sprachen sich die Vertreter moslemischer Glaubensrichtungen in Österreich sehr schnell gegen (!) ein Kruzifix-Verbot an unseren Schulen aus; umgekehrt bemühten sich christliche Würdenträger mit auffälliger Schärfe, Minarett- und Burka-Verbote als »Fehlentscheidungen« abzuwerten. Leider sind der religiösen Eintracht Grenzen gesetzt, wenn Kinder »aus dem Bauch heraus« tun, was sie nicht tun sollten. Ausgerechnet eine »Caritas«-Schule kam in die Schlagzeilen, nachdem bekannt geworden war, dass dort zwei 15-jährige Mädchen einer moslemischen Mitschülerin bei einem Ausflug das Kopftuch angezündet hatten. Auch wenn die Direktorin des »Schulzentrums der Caritas« in Graz einen religiösen oder rassistischen Hintergrund vehement in Abrede stellte: Die beiden Täterinnen mussten die Schule wechseln, nachdem sie »keinerlei Einsicht in ihr Fehlverhalten gezeigt haben und auch nicht bereit waren, sich bei ihrem Opfer zu entschuldigen«. Was wieder jenen Argumentationsstoff liefert, die sich für die Abschaffung des Religionsunterrichts zugunsten eines »Ethikunterrichts« einsetzen. Einer, der hier für einen religiös-ethischen Remix eintritt, ist der Theologe Klaus Porstner.[41] In einem Interview, das ich mit ihm geführt habe, bricht er eine Lanze für einen Religionsunterricht, der das ethische Gewissen weckt.

? Sie waren viele Jahre Religionslehrer an Gymnasien, zuletzt haben Sie angehende Lehrer religionspädagogisch ausgebildet. Gibt es ein Bild, das Ihnen durch den Kopf geht?

! Das Bild von den ersten Tagen am Beginn jeden Schuljahres hat sich mir tief eingeprägt: Im Konferenzzimmer lag eine Mappe auf, in der jeder Religionslehrer die Abmeldungen vom Unterricht eintragen musste – das kam einer Abstimmung über Fähigkeit oder Unfähigkeit gleich, so nach dem Motto »Wer will mich?«. Eigentlich war das eine entwürdigende Situation. Einer meiner Direkto-

ren wollte mich trösten, indem er sagte: »Wenn ich am Beginn des Schuljahres mit dem Englischbuch in der Hand für meinen Unterricht werben müsste, bliebe ich wahrscheinlich mit dem Buch alleine in der Klasse!« Das war gut gemeint, nahm aber kaum etwas von der auf uns lastenden Spannung, nicht zuletzt weil es ja auch Auswirkungen auf das Beschäftigungsausmaß hatte. Positive Ergebnisse wurden gefeiert, negative schamhaft verschwiegen oder nur unter vorgehaltener Hand entschuldigend oder beschönigend angedeutet. Dann hat es z. B. geheißen: »So sind halt die Schüler dieser Klasse!«

? *Ist Religionsunterricht für Sie das Vermitteln von Wissen über eine bestimmte Religion?*

! *In der pädagogischen Zielvorgabe für das österreichische Schulwesen ist von der Erziehung zu sittlichen und religiösen Werthaltungen die Rede, in öffentlichen Diskussionen wird immer wieder auch auf eine christlich-abendländische Kultur Bezug genommen, die Europa geprägt hat. All das scheint uns also wichtig und die Schule soll zu diesem Bewusstsein hinführen. Aber da gibt es auch die Gewissensfreiheit des Einzelnen, die einen so hohen Stellenwert hat, dass sie unter den Schutz des Gesetzes gestellt ist. Sie wiegt für uns weit schwerer als bloße Meinungsfreiheit.*

? *Meinen Sie jetzt Gewissensfreiheit in Bezug auf Religionsfreiheit?*

! *Die vom Gesetzgeber garantierte »Religionsmündigkeit« besagt ja, dass bereits der Heranwachsende das Recht haben soll, seine Religion – oder Nicht-Religion – frei zu wählen. Um es mit dem Pastoraltheologen Paul Michael Zulehner zu sagen: Die Menschen erleiden Religion längst nicht mehr als Schicksal, sondern sie haben die Wahl, ob sie glauben oder nicht. Zulehner ortet ja gegenwärtig einen »Megatrend der Respiritualisierung«.*

? *Führt aber nicht gerade diese »Religionsmündigkeit« dazu, dass sich immer mehr Schüler vom Religionsunterricht abmelden?*

! *Meine Erfahrung war diese: Wenn sich Schüler der Oberstufe vom Religionsunterricht abgemeldet haben, so war meistens die Aussicht auf eine Freistunde verlockend. (...) Ein Schlüsselerlebnis für mich war der unmittelbare Beginn meiner Unterrichtstätigkeit an einer konfessionell geführten Schule, als ich von missionarischem Eifer erfüllt war. Da hatte mich ein Schüler gefragt, ob er sich von Religion abmelden könne. Als Grund gab er an, dass von seinen bisherigen Religionslehrern keiner wirklich Antworten auf seine Fragen gehabt habe. Außerdem glaube er nur, was er persönlich überprüfen könne. In meiner Antwort versuchte ich ihn zu einer allgemein menschlichen Erfahrung hinzuführen, die auf Vertrauen, Zutrauen basiert, im konkreten Fall war es die Liebe zu seiner Freundin. Ich habe einfach versucht, das, was ich vermitteln wollte, an eine menschliche Ur-Erfahrung anzubinden. Das ist gelungen. Von da an habe ich »Religion« nicht mehr als bloßen Unterrichts-Gegenstand gesehen, sondern als Hilfestellung auf dem Weg ins Leben, wobei in all den Jahren wirklich nichts Menschliches fremd geblieben ist.*

? *Ist das jetzt ein Plädoyer für den Ethikunterricht?*

! *Für den Ethikunterricht als Teil des Religionsunterrichts. Sieht man Lehrpläne für den Ethikunterricht durch, so geht es vor allem um das Leben an sich. Neben Informationen wird auf den Wissensbereichen anderer Gegenstände aufgebaut, ethisch-philosophische Fragen werden mit hoher Ernsthaftigkeit angesprochen und diskutiert. Auf diese Weise wird die Gefahr einer Unverbindlichkeit vermieden, der Schüler in allen Lebensphasen ernst genommen, ein hohes Problembewusstsein geschaffen und ein entsprechendes Problemlösungspotenzial erarbeitet. (...) Ein Geschenk war für mich die Erfahrung des Religionsunterrichts an einer BS. Hier war mir von Beginn an klar, dass es nicht primär um die Vermittlung kirchlicher Lehren gehen könne, sondern um eine Lebensbegleitung von Jugendlichen, allerdings vor einem religiösen Hintergrund. Wenn Heranwachsende den Sinn ethischen Verhaltens begreifen und Religion als Hilfe zur Entfaltung ihres Lebens erleben, so wird eine Werthaltung aufgebaut, die keinen Fanatismus mehr nährt, vielmehr aber die Bereitschaft, voneinander über alle Verschiedenheit hinweg zu lernen.*

»RED BULL SCHOOL« UND »LYCÉE FRENCH FRIES«

Die Privatschulen 2020?

Stell dir vor, es ist Schule und keiner geht hin! Naturgemäß hängt eine solche Vorstellung wie ein Damoklesschwert über dem Katheder der passionierten Lehrerin. Tatsache ist: Je höher die Schulstufe, desto mehr Schülerinnen und Schüler erscheinen dort zum Unterricht gleich gar nicht. In westeuropäischen Ländern versucht man der schulischen Schwindsucht bereits mit Geld entgegenzuwirken. Im Rahmen der Aktion »Every lesson counts« werden in Schulen in Großbritannien seit knapp fünf Jahren Eltern dafür pekuniär belohnt, wenn sie in den Ferien und nicht unter dem Schuljahr mit ihren Kindern verreisen; an einer Mittelschule in Créteil bei Paris werden bis zu 10.000 Euro dafür ausbezahlt, dass Klassen ihre Fehlstunden minimieren; und an der technischen Mittelschule Mistral in Marseille erhalten Schüler, die nicht schwänzen, traditionell Gratiseintrittskarten für Fußballspiele. Den umgekehrten Weg schlug im vergangenen Mai Präsident Sarkozy ein. Er ließ einen Gesetzesentwurf einbringen, der für das Schulschwänzen die »Suspendierung« sämtlicher Sozialleistungen vorsieht.

2005 wurde im Auftrag des Bildungsministeriums die Studie »Befinden von Kindern und Jugendlichen in der österreichischen Schule« veröffentlicht. Darin konnte der Salzburger Erziehungswissenschaftler Ferdinand Eder[42] nachweisen, dass sich Lust auf Schule und Länge der Schullaufbahn indirekt proportional zueinander verhalten. In anderen Worten: Je länger ein Schüler in die Schule geht, desto weniger Bock hat er darauf. Während zu Beginn der AHS noch knapp jeder vierte Schüler angibt, »sehr gern« in die Schule zu gehen, sind es in der zwölften Schulstufe (8. Klasse AHS) nur noch sieben Prozent. Manchmal versuchen Lehrerinnen Nutzen und Attraktivität des Schulbesuchs herauszustreichen, meistens mit mäßigem Erfolg.

– *Stellt euch vor, in fernen Zeiten und uns fremden Kulturen, also zum Beispiel im Mittelalter beziehungsweise bis vor Kurzem in der Schweiz, durften Mädchen nicht zur Schule gehen. Und die Buben nur dann, wenn sie nicht zu Hause dreckige Feld- oder Stallarbeit verrichten mussten. Während ihr also gemütlich hier sitzt, und zwar gratis, mussten …*
– *Wie wird man das?*
– *Unterbrich mich nicht, Sabrina. (Pause) Wie wird man was?*
– *(Hihi) Schweizerin.*

Dabei gibt es durchaus Fälle von unfreiwilligem Fernbleiben eines Schülers vom Unterricht. Ich gebe es zu, ich habe die diversen TV- und Ö1-Journale auch immer lauter gedreht, wenn »Amstetten« kam, besser bekannt unter dem »Fall F.«

– *Hast schon g'hört, die ur arge G'schicht mit den Kindern im Keller?*
– *Ein Wahnsinn! Stell dir vor, du bist 19 Jahre alt und hast in deinem Leben noch nie die Sonne gesehen.*
– *Was heißt Sonne? Eine Tafel! (Hohoho)*

Im Ernst: Als Lehrerin fragst du dich schon manchmal, wie ein Kind beisammen sein muss, das ohne Schule aufwächst. Kann ein solches Kind sprechen? Kann es gehen? Kann es aufzeigen? Mich interessierte das alles damals insofern besonders, als ich in dieser Zeit einen Schüler bekam, der bis dahin mehr oder weniger »unbeschult« war. Seine Mutter hatte dem Buben den Schulbesuch bis ins Alter von elf schlichtweg verboten. Sie tat es aus persönlichen Gründen und weil es in Österreich gesetzlich möglich ist. Anders als in Deutschland und dem großen Rest der kleinen Welt gibt es in Österreich de jure keine Schulpflicht, sondern nur eine »Verpflichtung zum Unterricht«. Diesem kann nach § 11 des Schulpflichtgesetzes auf Antrag auch mittels »Heimunterricht« nachgekommen werden, was jedes Jahr in ein paar Tausend Fällen in Anspruch genommen wird. Die Mutter hatte ihr Kind also bis zum Einsetzen der Pubertät erfolgreich vom Schulbesuch abgehalten. Irgendwann kam der Bub dann doch in die Obhut der Sozialbetreuung. Leider pfiff er aber auf ein Leben in Heimen und Schulen, nicht zuletzt deswegen, weil ihn seine Mutter in regelmäßigen Abständen daraus entführte und dann jedes Mal wochenlang irgendwo im Land versteckt hielt. Eines Tages kündigte mir meine Direktorin den damals zwölfjährigen Robert mit den Worten an:

– *Was sagst du eigentlich zu Amstetten?*
– *Ur arg!*
– *Dann halt dich fest, nächste Woche kommt so einer zu uns.*
– *So einer wie der Fritzl? Als neuer Sexualkundelehrer?*
– *Niki!!!*
– *Witz!!!*
– *Es kommt ein zwölfjähriges Kind, das quasi noch nie in einer Schule war. Und das ist jetzt kein Witz.*

Ehe ich Robert also zum ersten Mal sah, dachte ich, ich müsste mit »Mimi sagt Mami« beginnen, stattdessen kam es zu einer Begegnung der dritten Art:

- *Haben Sie mich auch in Wirtschaftskunde, Herr Professor?*
- *»Herr Glattauer« reicht. (Pause) Warum fragst du?*
- *Ich glaube, ich habe den Unterschied zwischen einer galoppierenden Inflation und einer Hyperinflation noch immer nicht begriffen.*
- *Das ... äh ... verstehe ich.*
- *Ich denke, dass zum Beispiel dem Irak eine Hyperinflation drohen würde, wenn die USA ihre Truppen dort überhastet abzögen. Aber der Nachrichtensprecher hat gestern in der ZiB 2 von einer galoppierenden Inflation gesprochen, dabei wäre doch ein verfrühter Truppenabzug, wie ihn Colin Powell ...*

Und so weiter. Kurz gesagt: Robert entpuppte sich innerhalb weniger Tage als bester Schüler, den ich je hatte. Nun spricht es ja schon einmal nicht unbedingt für unser Schulsystem, dass jemand, der, statt in die Schule zu gehen, von seiner verhaltensoriginellen Mutter jahrelang heimunterrichtet wird, dann im Handumdrehen zum Klassenbesten wird und nebenbei auch noch eines ihrer Alphatiere. Aber so richtig *hm* wird einem, wenn man an die Kosten der pädagogisch verordneten Liebesmüh denkt: Laut der OECD-Studie »Education at a Glance« gibt Österreich pro Schüler und Schuljahr 7.588 Euro an Steuergeld aus. Das sind mehr als 2.000 Euro mehr als der Durchschnitt, Österreich liegt mit diesem Betrag im Vergleich der EU-Staaten bei den Bildungsausgaben an erster Stelle. Dazu kommen noch die Ausgaben, die die Eltern leisten. Europarekordverdächtige 740 Millionen Euro zahlen Österreichs Eltern und Elternteile jährlich für ihre Schulkinder, davon jeden sechsten Euro (zusammen satte 126 Millionen) für Nachhilfestunden. Der jüngsten AK-Studie zufolge glaubt in den AHS fast jeder dritte Schüler (27 Prozent), »es« ohne zusätzliche Nachhilfe nicht mehr zu »packen«. In den Hauptschulen kommen 15 Prozent ohne private Nachhilfe nicht aus, bereits in den Volksschulen müssen 13 Prozent der Kinder zusätzliche Beschulung an den Nachmittagen über sich ergehen lassen. Und da reden alle immer von der »Gratisschule« ...

In einem Kommentar im »Standard« schrieb der Bildungsexperte Karl Heinz Gruber[43] in diesem Zusammenhang von einer »pädagogischen Schattenwirtschaft«, die inzwischen drauf und dran sei, ihre Schattenexistenz aufzugeben und als »Parallel-Schulsystem« ans Licht der Sonne zu treten. Gruber: »Wie in Ostasien vollzieht sich auch in Europa ein Funktionswandel des Nachhilfewesens. Es geht vermehrt nicht mehr bloß um den Ausgleich von Lerndefiziten und die Verhinderung von schulischem Misserfolg, sondern um die ›Optimierung‹ von Bildungschancen, um ›competitive advantage‹ in einem zunehmend von Konkurrenz und Selektion geprägten Bildungssystem. Eltern mit ›kulturellem‹ und ›richtigem‹ Kapital schicken ihre Kinder vermehrt auf (teure) Lernferien im In- und Ausland.« Mit fatalen Folgen: Das Nachhilfeunwesen verstärke die soziale Ungerechtigkeit. Gruber: »Als gravierendstes Problem wird die Vergrößerung der sozialen Ungleichheit angesehen, die überall mit privater bezahlter Nachhilfe einhergeht. Für einkommensschwache Familien sind die mutmaßlich effektiveren Formen der Nachhilfe, nämlich Einzel- oder Kleingruppenunterricht, so gut wie unerschwinglich. Zudem tendieren österreichische Eltern, die selber keine AHS besucht haben, dazu, ihre Kinder, wenn diese in der AHS-Unterstufe in Schwierigkeiten geraten, eher rasch aus der AHS zu nehmen und in die Hauptschule zu schicken, während Mittel- und Oberschichteltern in solchen Fällen das gesamte Instrumentarium der familiären Lernhilfe und der zugekauften Nachhilfe aktivieren.«

Zu Beginn des Jahres ging ein Interview des Journalisten Thomas Aistleitner mit Konrad Zimmermann, dem Gründer von »LernQuadrat«, dem größten Nachhilfeinstitut Österreichs[44], durch meine Hände[45]. Zimmermann begann mit einem Bekenntnis:

Ich war zehn Jahre Lehrer. Das war beruflich die härteste Zeit meines Lebens, und ich habe vorher auch andere Stressjobs gehabt, bei IBM und in der VOEST.

? *Was ist so hart am Lehrerberuf?*

! *Das Problem ist die Anzahl der Schüler, ob es nun 36 sind oder auch »nur« 24. Es ist unvorstellbar schwierig, einen Unterricht mit Spaß zu machen und dabei mehr als die Hälfte der Klasse zu erreichen. Für den Lehrer ist das ein gewaltiger Aufwand.*

? *Was könnte man tun, um das Lernen für die Kinder schöner zu machen? Was würden Sie sich vom Gesetzgeber wünschen?*

! *Erster Wunsch: Gebt den Lehrern mehr Freiheit – nicht mehr Gesetze. Zweitens: Senken wir die Klassenschülerhöchstzahl auf 15. Wir haben im »LernQuadrat«, weil es kostenpflichtig ist, die Möglichkeit, Gruppen mit zwei bis sechs Schülern zu unterrichten. Da ist guter Unterricht für alle zwar auch kein Kinderspiel, aber immerhin möglich. Mein dritter Wunsch bezieht sich auf die konkrete Arbeit: Ich habe in meiner Ausbildung an der Technischen Universität gelernt, wie ich meine Arbeit machen werde. Ich habe in meinem Beruf als junger Konstrukteur in der VOEST Arbeitsanleitungen bekommen. Und ich hatte bei IBM Vorgaben, wie ich das, was zu tun ist, tun soll. Zeigen Sie mir etwas Vergleichbares für Lehrer! Es gibt in Österreich rund 100.000 Lehrer und es gibt keine Arbeitsanweisungen. Es gibt nur einen unübersichtlichen Wust an Gesetzen, die Lehrer beachten müssten. Ich verwende den Konjunktiv, denn wenn Lehrer alle diese Gesetze einhalten, können sie nicht mehr unterrichten.*

? *Wie müsste eine Arbeitsanleitung für Lehrer aussehen?*

! *Darunter verstehe ich klare Strukturen und ein ganz konkretes »So geht's«, ein »So könntest du diesen Stoff unterrichten«. Kein Muss, aber Vorschläge. Damit hätte der Lehrer den Großteil seiner Vorbereitungsarbeit vom Tisch. Denn viele Möglichkeiten und Beispiele für spaßvollen Unterricht sind ja schon erfunden. Die kann man übernehmen.*

? *In der Ausbildung lernen die Lehrer das nicht?*

! *Nicht wirklich. Im »LernQuadrat« engagieren wir sehr gerne Abgänger aus den Pädagogischen Hochschulen – weil sie wissen, wie man unterrichtet. Sie haben das Unterrichten theoretisch und praktisch gelernt. Es fehlt ihnen aber noch das Handwerkszeug und der Erfahrungsschatz, eben Arbeitsanweisungen für den ganzen Stoff. Da sind noch Welten dazwischen! Noch größer ist das Manko bei AHS- und BMHS-Lehrern. Auf der Universität wird man nicht fürs Unterrichten ausgebildet. Als ich zu unterrichten begonnen habe, hatte ich ein Ziel: Ich werde Persönlichkeiten machen! In Wirklichkeit aber hat man als Lehrer ein beschränktes Repertoire und wenig Möglichkeiten, das Leben der Kinder zu beeinflussen. Man kann Angebote machen, aber gegen die Gesellschaft, gegen die Medien und gegen die Eltern kann man wenig unternehmen. Andererseits: Ich habe einen Schüler gehabt, einen 14-jährigen Erstklassler in der HTL. In den ersten Wochen habe ich mir gedacht, was will dieser Hauptschüler da? Der kann doch nicht einmal das Einmaleins. Und dann ist dieser Bub mein bester Maturant geworden.*

? *Was schließen Sie daraus?*

! *Dieser erste Maturajahrgang hat eine große Wandlung in mir bewirkt. Ich habe Hauptschulkinder gesehen, die großartig maturiert haben, und AHS-Kinder, die komplett abgestürzt sind. Ein*

14-Jähriger kann noch einen unglaublichen Entwicklungsschub vor sich haben, den ein anderer schon mit 13 erlebt hat. Als Lehrer habe ich sie zusammen in einer Klasse. Ich traue mir keine Voraussage zu, wie ein Zehn- oder 14-Jähriger später einmal dastehen kann. Ich glaube nicht, dass irgendjemand das messen kann. Daher: Würdevoll mit jedem Kind umgehen und ihm jederzeit etwas zutrauen!

Schwenk von Mödling, Niederösterreich, nach Oxnard, Kalifornien. Ich zitiere aus einer Reportage meiner Kollegin Eva Schweitzer von der »Berliner Zeitung« vom März 2009:

Oxnard, Kalifornien, liegt nördlich von Los Angeles, zwischen Erdbeerfarmen und Limabohnenfeldern. Rund 200.000 Menschen leben hier, zwei Drittel davon sind Latinos, zumeist aus Mexiko. (...) Am Channel Island Boulevard liegt die Kamala School. Dort bin ich zur Schule gegangen. Das war 1967. Kamala, eine staatliche Grundschule, war damals fantastisch ausgestattet: Ganztagsunterricht mit Mittagessen, Sportfelder und Basketballplätze, Ausflüge in den Zoo, Lehrfilme über Physik, ein Terrarium und ein Klavier in jedem Klassenraum. Für langsamere Schüler gab es Extraklassen, damit keiner zurückblieb. Von gut dreißig Kindern waren zwei schwarz, eines hispanisch und eines asiatisch. Alle anderen waren weiß. Heute sind die Klassen viel größer, fast vierzig Kinder sind nicht ungewöhnlich, und fast alle sind hispanisch. »Oxnard ist ein raues Pflaster geworden«, sagt der junge Grundschullehrer, der mich über das Schulgelände führt. Ausflüge sind nicht mehr selbstverständlich, die Spinde in den Sport-Umkleideräumen sehen verbeult aus. Ein Klavier entdecke ich nirgends. »Wir müssen mit unseren knappen Mitteln über die Runden kommen«, sagt der Lehrer. Kalifornien, der reichste Staat der USA, ist seit vielen Jahren in einer Dauerkrise. Nach monatelangem Streit hat der Senat in Sacramento nun endlich das Budget beschlossen. Das Haushaltsdefizit von 42 Milliarden Dollar wird durch Kürzungen bekämpft – für Schulen, Universitäten und die Kindergesundheit gibt es weniger Geld. Studiengebühren werden erhöht, Lehrergehälter eingefroren, Stellen abgebaut. (...) Ein Vater beklagte sich in der Los Angeles Times, dass er an der Schule seiner Kinder nicht nur gelegentlich als Aushilfslehrer einspringen müsse. Die Eltern müssten für viele Leistungen selber aufkommen. »Allein in diesem Jahr müssen wir 327.000 Dollar aufbringen, um drei zusätzliche Lehrer und drei Kindergärtnerinnen zu bezahlen«, meint er. Auch für die Schulbibliothek und neue Computer würden die Elternspenden gebraucht.

Worauf ich hinauswill: 1) Österreich darf nicht Kalifornien werden! 2) Nennen Sie mich Kassandra, aber wenn Österreichs Schüler Österreichs Schulen bald nur noch dadurch erfolgreich »passieren« können, dass ihre Eltern sündteure Nachhilfe dazukaufen, fehlt auf die offizielle Privatisierung des Schulsystems auch nicht mehr viel. Und dann werden die Multis die »Bildungskonzepte« liefern. In einer »Red Bull School« könnte man die »gesunde Jause« durch eine ersetzen, die »Flügel verleiht«. Im »Lycée French Fries« würde man sein Croissant mit Pommes und Mayo bekommen. In der »Milka-Fachschule für wirtschaftliche Frauenberufe« wäre die Schuluniform in Lila gehalten und die gleichfarbige Kuh ihr Logo, im »Fashion Campus Levi's« wären nicht Lagerfeld, Valentino und La Hong angesagt, sondern in memoriam John Wayne und Charles Bronson. Einige der Namen nenne ich nicht zufällig: Levi's kaufte 1996 in Toronto zig Gebäude in der renommierten Queen Street und verwandelte im Nu fast die gesamte Straße in eine einzige Levi's-Werbefläche. Liberty Orchards, ein Süßwarenunternehmen aus dem Bundesstaat Washington und in den USA von ähnlicher Bedeutung wie »Milka« in Österreich, übernahm 1997 in Washington eine ganze Kleinstadt: Unter der Drohung andernfalls *ab*zuziehen, zogen die obersten Schokohasen im örtlichen Rathaus *ein*. Dort setzten sie unter anderem durch, dass die größten Straßen die Namen von Orchards-Produkten erhielten.

Dass der Einzug der Multis in unser Privatleben längst begonnen hat, zeigt das Ergebnis einer Umfrage des Internet-Anbieters americanbaby.com bei 600 Eltern. 21 Prozent wären für Geld bereit gewesen, die Namensgebung ihres Kindes einem Großkonzern für Werbezwecke zu überlassen. Weitere 28 Prozent hätten es erwogen. Dann wäre der »boy, named soup«, den die »Times« (in Anlehnung an den Johnny-Cash-Song) einmal satirisch beschworen hatte, bittere Realität. Bleibt die Frage, wann wir das süße, blitzgescheite Mädchen mit dem Namen Nokia oder Google in unserer Klasse sitzen haben werden.

– *Könntest du bitte aufpassen, wenn ich die Hausübung erkläre, Google?*
– *Sie können mich sonst wo, oder wollen Sie, dass Ihnen mein äh … Ziehvater den Account wegnimmt?*

FRAU PROFESSOR »EIERLEGENDE WOLLMILCHSAU«

Die gemeine Lehrerin als Wunderwuzzi

Himbeerlikör. Es war Himbeerlikör. Ich stand an der Schwelle vom Kind zum ... äh ... Kind mit Pickeln, und das Wort »Koma-Trinken« gab es noch nicht. Alkohol schon. Mein Freund A. besorgte eine Flasche davon aus der gut sortierten Wohnzimmerbar seiner Eltern.

- *20 Schilling! (Pause) Und dafür willst du echt 20 Schilling ausgeben?*
- *Was soll ich machen, die Renate trinkt nur Himbeerlikör.*

Genutzt hatte alles nichts. Vermutlich schon deswegen, weil Renate schon auf die einfachsten Fragen nicht die richtigen Antworten von mir bekam:

- *Liebst du mich?*
- *Schon.*
- *Dann sag es!*
- *IchliebedichundkannstdujetztbittedeineähSchuheausziehen?*
- *Ich will aber nur streicheln.*
- *Streicheln? Was heißt streicheln? Meinst du, über die Haare?*

Als Renate die Tür hinter sich zugemacht hatte, nahm ich David Cassidy vom Plattenteller, legte »Live Cream, Volume II« drauf und trank den Himbeerlikör selber aus. Ein paar Stunden später hätte ich sogar meinen Mathe-Professor gestreichelt, wenn er mir dafür mein Leben zurückgegeben hätte. Ich war das, was man »fett« nannte. Je nach Schweregrad war man »ein bisschen fett«, »fett« oder »vollfett«. Keine schlechten Vokabeln, wenn man mich fragt, aber für Titelseiten ungeeignet. Ein Stamperl ex auf den, der nach ein paar Tausend Jahren präadoleszenter Berauschungsinitiation den »Koma-Trinker« erfunden hat. In der Regel war es meine – alleinerziehende – Mutter, die mich auf den harten Boden der Realität zurückholte:

– *Niki, was ist los mit dir! (Mit Ruf-, nicht mit Fragezeichen)*
– *Blub blub.*
– *Du hast Alkohol getrunken! (Pause) Hast du schon erbrochen?*
– *Blub.*
– *Dann leg dich hin! Und morgen rufst du deinen Vater an!*

35 Jahre später gibt es eine neue Rollenverteilung:

– *Dominik, was ist los? Ist dir schlecht?*
– *Blub blub.*
– *Weiß jemand, was er hat?*
– *Er hat zu viel getrunken, Frau Lehrer.*
– *Vom zu viel Trinken wird einem aber nicht schlecht.*
– *Wenn es Rum ist, schon.*
– *Ach so! (Pause) Hat jemand die Handynummer seines Vaters eingespeichert?*
– *Warum wollen Sie seinen Vater anrufen?*
– *Na, dass er was macht.*
– *Warum soll er was machen? Sie sind ja die Lehrerin.*

Muss man dem noch etwas hinzufügen? Man kann. Als meine Kollegin Dominiks Vater eine Woche später endlich dazu gebracht hatte, zu einem klärenden Gespräch in die Schule zu kommen, kam die Mutter. Eineinhalb Stunden zu spät. Mit einer Schnapsfahne ...

Andere Baustelle. Eine Wiener Kollegin, der aufgefallen war, dass es an bestimmten Tagen regelmäßig purer Alkohol war, den eine ihrer Schülerinnen, zwölf, beim Turnen in der ersten Stunde herauszuschwitzen pflegte, machte sich ohne großes Posaunen auf die Suche nach den Hintergründen. Diese fand sie mithilfe anderer Schüler, ihrer eigenen Tochter und des privaten PCs auf der Homepage eines Partyanbieters, auf der für eine »All-you-can-drink-Party« einer Disco so geworben wurde: *»[...] ALLE Spirituosen und natürlich BIER en masse, so viel Ihr trinken könnt, und zwar um schlappe 15 €, und für Ladies im Beach-Outfit [...] sogar nur um 5 €!!!«* Die hätten auch schreiben können: *Ladies,* die sich ausziehen, dürfen sich gratis volllaufen lassen, damit die *Gentlemen* etwas zum Anschauen und Grapschen haben. Zwischen den Zeilen war dann auch das Alterslimit für solche *Ladies* herauszulesen: schon 16 – aber viel älter bitte auch wieder nicht.

Warum darf ein Lokal straflos auf diese Art Werbung betreiben? Warum entzieht man einem solchen Lokal nicht die Konzession? Und wer lässt seine minderjährigen/halbwüchsigen Töchter und Söhne überhaupt in solche Lokale gehen? Das alles frage ich jetzt knapp nach Schulbeginn. Wenn sich die Eltern von 1,2 Millionen Kindern dieser mit einem Stoßseufzer entledigen, um endlich wieder in Ruhe arbeiten gehen zu müssen, und unsereiner für ein neues Schuljahr zu Mami & Papi mutiert. Ich habe mich auf einigen Seiten schon darüber ausgelassen: Die Gesellschaften Europas haben sich dafür entschieden, die Kindererziehung in die Schulhäuser zu verlegen. Was einst »Elternhäuser« waren, sind heute immer öfter Single-Wohnungen mit wechselnder Belegschaft und »Don't disturb!«-Pickerln an den Türen. Sind die »Zeiten« dafür verantwortlich? Ich würde sagen, es sind die Mütter und Väter dafür verantwortlich, die beschlossen haben, dass es Wichtigeres im Leben gibt, als sich um seine Kinder zu kümmern. »Jedes zusätzliche Familienmitglied am Arbeitsmarkt fördert die nationale Kaufkraft«, sagte einmal Prof. Karl Aiginger, Leiter des »Österreichischen Instituts für Wirtschaftsforschung«, in einem Interview. Deutlicher kann man es eh nicht gesagt kriegen, und trotzdem glauben Mütter immer noch, es habe etwas mit Gleichberechtigung zu tun, dass sie inzwischen auch von den Männern in den diversen Regierungen lieber auf dem Arbeitsmarkt gesehen werden als »hinter dem Herd«. Von den Vätern rede ich gar nicht. Die hätten schon vor Jahrhunderten damit begonnen, auch die Kindererziehung dem Storch zu übertragen, wenn da nicht noch Mütter gewesen wären. Detail aus einer in Graz ausgezeichneten Diplomarbeit der Soziologin Michaela Prutsch-Kalchschmied über Väterkarenz: »Anteil der in der Steiermark Kindergeld beziehenden Männer, Stand Dezember 2008: 3,4 Prozent.« Drei. Nicht 30. Oder wenigstens 13. Nein: Drei. Komma. Vier.

Für die Kinder gibt es, sofern es sie gibt, Betreuungsplätze, okay, besser als das Kombi-Angebot Wohnungsschlüssel & Fernbedienung, aber die Begriffe »Schule« und »Kindergarten« sollten in diesem Zusammenhang neu überdacht werden. Schulen, zumal im städtischen Umfeld, sind definitiv nicht mehr vor allem »Bildungseinrichtungen«. Und »Kindergärten«, in denen von »Kleingruppen« gesprochen wird und dann auf eine Gärtnerin 25 Pflänzlein im Alter von eineinhalb bis sechs Jahren kommen, verdienen die Bezeichnung »Gärten« nicht, bessere Pampas sind das. Ich behaupte: Die besten »Kinder-Gärten« wären funktionierende Familien, in der althergebrachten Form ebenso wie in den diversen Patchwork-Varianten.[46] Die besten »Vorschuljahre« wären ein gesellschaftlich integrierter und respektierter Vater, der einen Job hat und so viel verdient, dass sich seine Frau in den ersten paar Jahren hauptberuflich um deren Kind kümmern kann. Oder umgekehrt: eine im Arbeitsmarkt integrierte und respektierte Mutter, die einen Job hat und so viel verdient, dass sich ihr Mann in den ersten paar Jahren hauptberuflich um deren Kind kümmern kann, und ohne dass einer der beiden befürchten müsste, durch Kinderfürsorge »arbeitsmarktuntauglich« zu werden. Aber sag das einmal laut. Statt hier für kinderfreundliche Bedingungen zu sorgen, basteln Politik und Wirtschaft lieber an der »Akademisierung« des Lehrberufs. Nicht, dass eine Universität etwas Schlechtes wäre, aber glaubt jemand allen Ernstes, eine Kindergarten-Pädagogin brauche eine akademische Ausbildung, um eine gute »Kindergarten-Pädagogin« zu sein? Was sie braucht, sind zumutbare Umstände, vor allem aber ein richtiges Bild von ihrer gesellschaftlichen Funktion, der ihr zugewiesenen Rolle und ihren praktischen Möglichkeiten. Die Kindergarten-Pädagogin hat in der Regel ein richtiges Bild, ebenso die Volksschullehrerin. Aber je weiter man nach »oben« kommt – vom Alter der Schüler her gesehen –, desto tiefer werden die Abgründe. Und irgendwo gibt es dann diesen Mathematik-Studenten, der viel lieber Mathematiker geworden wäre, aber jetzt plötzlich in einer Schulklasse steht. Günter M. Ziegler, Mathematiker an der TU Berlin, in einem Interview für »heureka«, das Wissenschaftsmagazin im »Falter«-Verlag: »Der Schulunterricht macht keinen Spaß und produziert Schüler, die kein vielfältiges Bild von Mathematik haben. Von jenen, die trotzdem Mathematik studieren, werden die Schwächsten Lehrer. Die sind vom Studium frustriert und gehen dann so zurück in die Schule.« Kein Wunder bei der Gelegenheit, dass Mathe als Unterrichtsfach in den meisten Schülerumfragen der »Downer Nr. 1« ist. Rasch hier mein Lösungsvorschlag: eine Schule mit Mathe-Schwerpunkt pro politischem Bezirk (1!), in allen anderen Schulen eine Wochenstunde Mathe als Pflichtfach (1!), Logarithmen, Integralrechnen und Hyperbelschneiden als »unverbindliche Übung« am Nachmittag, in einem Pool mit »Tischtennis«, »Lustig reimen« und »Karaoke« (mehr über die notwendige Reform des Fächerkanons im letzten Kapitel).

Die Praxis als Lehrerin sieht so aus: Wir binden ihnen die Schuhe, wir schauen, dass sie gegen Mumps und Röteln geimpft sind, wir kontrollieren ihre Schultaschen, wir wechseln ihre Füllfederpatronen, wir rufen die Polizei, wenn sich ein Butterfly-Messer in ihre Schultaschen verirrt hat, wir bitten sie höflich, in der Nacht zu schlafen und an den Vormittagen angezogen zu erscheinen; wir freuen uns aus vollem Herzen, wenn sie ihre Hausaufgaben gemacht haben, und brechen in stillen Jubel aus, wenn so etwas wie ein »Lernfortschritt« erkannt werden kann. Dazwischen geben wir ihnen den Rat, statt Red Bull und Burger fallweise richtiges Essen zu sich zu nehmen und die ungesunden Substanzen, die ihnen saturdaynights angeboten werden, weitgehend zu meiden.

Apropos Essen. Einmal kam meine amtsführende Lieblingspräsidentin zu Besuch in unsere Schule, um dort an der Seite des jetzigen Vizekanzlers – damals Landwirtschaftsminister – eine Pressekonferenz zum Thema »Gesunde Ernährung« zu halten. Im ORF war gerade Ernährungsschwerpunkt und daher hatte auch ein Kamera-Team sein Kommen angekündigt. Leider kam es zu diesem Kommen nicht, und daher zogen Susanne Brandsteidl und Josef Pröll die Pressekonferenz nicht unnötig in die Länge. In den kurzen Momenten des gesprochenen Wortes – das Wechseln der Objektive erzwang kurze Auszeiten – fiel dann ein Satz, den ich mir gemerkt habe: 25 Prozent unserer Kinder würden die vier Geschmacksrichtungen nicht mehr unterscheiden können: also süß nicht von sauer von salzig von bitter. So antworte bereits eines von vier Kindern nach dem Verzehr zum Beispiel einer süßen Wachauer Marille auf die Frage, wie diese süße Wachauer Marille geschmeckt habe, eben nicht mit »süß!«, sonder mit »bitter!«, »salzig!«, »sauer!« oder »weiß nicht!«. Das ist natürlich bitter. Und macht die Lehrerin auch in ihrer Privatfunktion als Mutter hellhörig: Ein Jahr bevor die Tochter meiner Kollegin schulpflichtig wurde, begann diese, den geschmacklich ramponierten Gaumen ihres Kindes auf die harten Zeiten der »gesunden Jause« vorzubereiten: Weintrauben und Mandarinenspalten statt Gummibärchen. Vollkornbrötchen, hauchdünn mit falschem Kaviar belegt, statt Wurstsemmeln und so weiter. Bis die Kindergärtnerin um ein Gespräch bat.

- *Geben Sie dem Kind bitte keine Kaviar-Brötchen mehr mit.*
- *Aha?*
- *Sie löffelt ihn den anderen Kindern in den Fruchtsaft! (Pause) Damit es mehr sprudelt.*
- *Damit es was?*
- *Sie behauptet, Sie hätten ihr erklärt, Kaviar seien die Kügelchen, die beim Cola aufsteigen.*
- *Okay, hab ich. Aber nur, damit sie ihn isst.*

Was ich sagen will: Man kann es als Eltern im Bemühen, mit der Schule konstruktiv zusammenzuarbeiten, auch zu gut meinen. Zum Ausgleich meinen die anderen gar nichts. Walter Strobl ist Vizepräsident im Wiener Stadtschulrat und Präsident der Initiative »Wir bewegen Schule«. Er schreibt[47]:

> *(...) umgekehrt scheint es jedem einfachen Staatsbürger selbstverständlich, dass allfällige gesellschaftliche Probleme der Schule zur Lösung vorgeschrieben werden. Schule als Mistkübel der Nation! Eltern fühlen sich zunehmend mit der Erziehung ihrer Kinder*

überfordert. (...) Kinder erleben im privaten Bereich immer weniger erziehliche Grenzen und vermissen erziehliche Konsequenzen. Meist ist es den Eltern zu beschwerlich, sich um eine konsequente Erziehungshaltung zu bemühen (...). Und so sieht daher auch der Schulalltag aus. Immer mehr Zeit muss für eigentlich selbstverständliches, aber immer weniger vorhandenes gutes Benehmen, für mangelnde Haltungen und Einstellungen investiert werden. Der normale Unterricht kommt dabei immer öfter zu kurz und das frustriert immer mehr LehrerInnen.

Noch drastischer formuliert es Heinz Zangerle, Psychologe und Psychotherapeut in Innsbruck, Dozent an der Pädagogischen Hochschule Tirol und Autor diverser Fachbücher. Er sieht die Schule »immer stärker in die Rolle eines gigantischen Betriebs zur gesellschaftlichen Altlastenentsorgung« gedrängt.[48]

(...) Statt öffentlicher Lehrerbeschimpfung wäre es dagegen höchst an der Zeit, eine Diskussion über Grundsätzlicheres zu starten. Darüber nämlich, welch außerordentlich pluralem Erwartungsgefüge die Schule von heute ausgesetzt ist. Sie leidet längst an einem Überbürdungs- und Überforderungssyndrom, weil ihr zunehmend zahlreiche gesellschaftlich bedingte Probleme zugeschoben werden: Einerlei, ob es sich um die hohe Zahl verhaltensschwieriger Problemkinder handelt, um mangelnde familiäre Erziehung, um Drogenproblematik, Aidsgefahr, Fremdenfeindlichkeit, um Gewalt und sexuellen Missbrauch, ob um Medienerziehung, politische Bildung, Umwelterziehung, Verkehrserziehung – alles lässt sich der Schule als Zusatzaufgabe unterjubeln. Der Lehrer ist schuld, wenn Kinder zu viel fernsehen, sich falsch ernähren, sich nicht mehr konzentrieren können, die falsche Zahnbürste benutzen, bettnässen oder gefährliche Banden bilden ... Wann immer ein Defizit auftritt, wird reflexartig die Schule bei

Ursachenzuschreibung und Problemlösung eingespannt. – Wenn Lehrer mit all dem Probleme haben und frühzeitig ausgebrannt sind, dann sind sie eben selber schuld. Ein Persilschein dagegen für Familie, Gesellschaft, Medien, Sparpolitik, Schulpolitik.

Andreas Salcher wagte einmal die Hypothese: »6.000 Lehrer sind für den Schuldienst ungeeignet.« Wie er auf die Zahl gekommen ist, wird er schon wissen. Aber das Zeugnis, das er der Lehrerinnenschaft damit ausstellt, wäre ein so übles nicht. Auf einen einfachen Nenner gebracht: Fünf Prozent sind untauglich! Wäre der Prozentsatz der »Untauglichen« unter den Journalisten ähnlich gering, wäre die veröffentlichte Welt eine andere. Von den Managern großer Geldinstitute und ehemals großer südlicher Länder mit Inseln rede ich an dieser Stelle besser gar nicht.

Wenn du Pech hast, gehörst du zwar eh nicht zu den fünf Salcher-Prozent, bist aber im, sagen wir, 35. Dienstjahr und hast heuer trotzdem (oder gerade deswegen) wieder die 4A-Buben in Turnen. Am Nachmittag vor Reli. Besorgte Schüler-Frage:

– *Stimmt es, dass wir die Maier nächstes Jahr in Turnen bekommen?*
– *Du meinst die Frau Maier. Ja, kann sein. Wieso?*
– *Die schläft immer ein! Und wenn sie aufwacht, rastet sie total aus.*
– *Sie tut was?*
– *Ehrlich. Fragen Sie die anderen. Sie geht zu den Bällen ins Kammerl und schläft dann dort ein. Und dann fetzen sich immer alle und ein anderer Lehrer muss kommen und sie aufwecken.*

Die Kollegin hat mein Mitleid. Sie ist, um es metaphorisch auszudrücken, reif für das Absteigen. »Wenn du merkst, dass du ein totes Pferd reitest, steig ab!«, sagt ein Sprichwort der Lakota-Indianer. Nur: Wie sich als Lehrerin daran halten? Du hast, wie gesagt, 30 Dienstjahre auf dem Buckel, aber auf der hohen Kante hast du deswegen nichts. Du hast Hunderte von Kindern durch die harten Jahre der Adoleszenz geführt, nicht wenige davon an den Beginn einer Karriere, nur selber hast du nie eine gemacht, denn in der Schule gibt es keine Karrieren, mit den Worten der Betriebsökonomin gesagt: Es gibt keine innerbetrieblichen Aufstiegschancen. Und glaube ja nicht, »Direktorin« zu werden sei ein Aufstieg (auch davon im letzten Kapitel)! Du kriegst keine bessere Position für bessere Leistung, weil ja niemand da ist, der deine Leistung beurteilen könnte; man gibt dir keine Gehaltserhöhung, nur damit du nicht zur Konkurrenz gehst, denn auch Konkurrenz gibt es keine; dir zollt keiner Anerkennung dafür, dass du es geschafft hast, dort zu stehen, wo du inzwischen stehst, denn dort, wo du stehst, steht eh jeder. Sogar die eine, die zu Schulbeginn mit der Wasserflasche unterm Arm frisch von der PH gekommen ist. »Da ist eh noch frei, oder?«, sagt sie, nachdem sie ihren Rucksack über die einzige noch unbesiedelte Kante des ein mal ein Quadratmeter großen Tisches geworfen hat, den wir seit vier Jahren zu dritt benutzen. Eine Antwort wartet sie erst gar nicht mehr ab. In einem Satz: Die Kugel, die du schiebst, ist erstens alles andere als golden, und sie wird zweitens mit den Jahren nicht ruhiger, sondern nur schwerer.

Als Lehrerin hat du nicht viele Alternativen: Du drehst durch, du schläfst ein, du wirst wie Eva Scholik oder du rettest dich irgendwie in die Pension. Nicht ohne Reibungsverlust.

- *Wer von euch hat geraucht!?! Zorica! Jasmina! Ihr schon wieder?*
- *Wieso. Nein. Ehrlich.*
- *Nein! Wieso. Oida.*
- *Wieso wart ihr dann gemeinsam am Klo?*
- *Ich ... äh ...*
- *Sie ... äh ...*
- *Sie tun schmusen, Herr Lehrer.*
- *Sie tun was?*
- *Schmusen. Sie sind seit voriger Woche lesbisch.*

Auch das nimmst du ab einem gewissen Alter pragmatisch.

- *Okay, von praktizierter sexueller Neuorientierung steht nichts in der Hausordnung, also schmust, wenn ihr glaubt. (Pause) Aber raucht dabei nicht! (Pause) Und du, Özhan, misch dich nicht immer ein! (Pause) Übrigens hat deine Mutter vorhin im Lehrerzimmer angerufen und nach mir gefragt, weißt du, was sie will?*
- *Sie haben gestern gesagt, sie soll Sie anrufen.*
- *Und ... äh ... warum habe ich das gesagt?*
- *Mir ist unabsichtlich der Mistkübel aus der Hand gefallen.*
- *(Pause) Ach ja, mir fällt es gerade wieder ein: aus dem Fenster im dritten Stock. (Pause) Auf jemanden, der zufällig gerade unten vorbeigegangen ist. (Pause) Und gebrannt hat er auch.*
- *Nur Jessicas Heft.*

Wirst du für das alles ausgebildet? Bereitet dich während deiner Ausbildung jemand darauf vor? Sagt dir einer, dass auf deinem Lehramtszeugnis zwar »Deutsch« oder »Geografie und Wirtschaftskunde« steht, aber dass dies rein gar nichts zu bedeuten hat? Zum »Lehrer«, heißt es, wirst du ausgebildet – universitär, akademisch, pädagogisch. Von Pädagogen? Nein, von Pädagogikern – meinte der Mathematiker Rudolf Taschner einst in einem Kommentar in der »Presse«:

In einem sehr engagierten Leserbrief vom letzten Samstag haben sich die beiden Professoren Jürgen Maaß und Stefan Götz gegen die derzeitige Planung der Ausbildung künftiger Lehrerinnen und Lehrer ausgesprochen. Wenn es tatsächlich so sein soll, dass in den ersten drei Jahren im Rahmen eines puren Pädagogik-Studiums und einer Schmalspur-Fachlehre (von Ausbildung, gar Bildung kann in diesem Fall nicht die Rede sein) an den Pädagogischen Hochschulen die wertvolle Studienzeit vergeudet wird und man sich dann mit dem lächerlichen Titel eines Bachelors schmückt, wäre der Weg zur tristen Schule, die für die Kinder bloß Wärme- und Aufenthaltsstube, nicht aber Bildungsstätte ist, vorgezeichnet. Denn wie Maaß und Götz richtig schreiben: »Niemand wird glauben, dass dann (i. e. nach der pädagogischen Umwölkung der Studierenden in den ersten drei Jahren) fachlich in zwei Jahren so viel gelernt werden kann wie heute in fünf Jahren.« Sollte das von Maaß und Götz in Aussicht gestellte Szenario Wirklichkeit werden, bedeutete es den Sieg der Pädagogiker mit ihren Parolen, dass nur dann Schule gelingen könne, wenn sie, statt der in ihren Augen abgehobenen akademischen Lehrerinnen und Lehrer, das Heft der Ausbildung künftiger Lehrkräfte in der Hand hätten. Wohlgemerkt: der Sieg der Pädagogiker, nicht der Pädagogen. Pädagogen (weibliche und männliche) nämlich sind die Praktiker, die sich Tag für Tag mit der Erziehung der ihnen anvertrauten Kinder und jungen Menschen in der Schule oder an anderen Bildungsstätten zu bewähren haben: vornehmlich die Lehrerinnen und Lehrer. Die auch wissen, dass beides nottut: eine gediegene fachliche Ausbildung und die Bildung zu einer Persönlichkeit, die menschlich wie fachlich als Vorbild dient. Pädagogiker hin-

gegen sind im geschützten Bereich erziehungswissenschaftlicher Institute agierende Missionare: Nur wenn man ihren Heilslehren folgte, wüsste man, wie man »spielerisch«, »lustbetont«, »stressfrei«, »projektorientiert«, »gemeinschaftlich« (der Lob- und Hudelworte Zahl ist Legion) den Schulalltag gestalten könne. Den sie, die Pädagogiker, nur noch vom Hörensagen kennen. Weil sich keiner von ihnen vor eine Klasse zu stellen traute – mit Recht: Die meisten von ihnen würden jämmerlich versagen. In Expertengremien zu hocken ist sicher bequemer. Allerdings, und dieser Aspekt muss zum Schreiben von Maaß und Götz ergänzt werden, ist die fachliche Bildung und Ausbildung der Lehrkräfte an den Universitäten noch verbesserungsfähig. Doch es stimmt: Zuerst haben Studierende des Lehramts unbedingt mindestens ein Jahr lang zu erfahren, was Universität bedeutet. Dass diese von Schule (auch Pädagogischer Hochschule) völlig verschieden ist, weil in ihr nur die Freiheit des Denkens zählt, sonst gar nichts. Kein Schielen auf den künftigen Beruf, kein Abwägen trivialer Nützlichkeiten. Danach wissen Lehramtsstudierende die Ratschläge der Pädagogiker einzuschätzen und das Vertrauen ihnen gegenüber im Zaum zu halten.

Tatsächlich scheinen Lehramtsstudentinnen von der Qualität ihrer Ausbildung alles andere als überzeugt zu sein: In einer 2009 gemeinsam von Unterrichts- *und* Wissenschaftsministerium beauftragen Online-Umfrage[49] bekritteln fast zwei Drittel der knapp 3.200 Teilnehmer (das sind jeweils 20 Prozent aller Uni- bzw. PH-Studierenden) den »fehlenden Praxisbezug« und die »unzureichende pädagogische Wissensvermittlung«. Großer Verbesserungsbedarf wird im Bereich der »individuellen Förderung von Schülern« geortet. Den Mangel an individueller Förderung sehen die Studenten auch als größten Schwachpunkt im derzeitigen Schulsystem, dessen Qualität sie insgesamt als

»nicht sonderlich gut« einschätzen. Das Image von Lehrerinnen ist aus Sicht der Studenten sehr negativ. Neun von zehn Studenten sehen Schulreformen als einzigen Weg zu einer wirklichen Imageverbesserung, ebenso viele fordern eine zügige Fortführung der Reformen. Dazu gehören aus ihrer Sicht die Entwicklung eines modernen Berufsbilds, ein zeitgemäßes einheitliches Dienstrecht mit leistungsorientierter Bezahlung und eine abgeflachte Gehaltskurve. Auch die Unkündbarkeit (Stichwort Pragmatisierung) ist kein Tabu mehr, zwei Drittel sind für ihre Abschaffung. 80 Prozent plädieren für ein Aufnahmeverfahren für Lehramtsstudenten, in dem auch auf soziale Kompetenzen geachtet wird. Die Studenten sprechen sich außerdem für stärkere Teamarbeit an den Schulen aus, und zwar nicht nur im Unterricht, sondern auch bei der Vorbereitung und in Kooperation mit den Eltern der Schüler. Und: 80 Prozent der PH-Studenten und zwei Drittel der Uni-Studenten plädieren für ein Abgehen von den 50-minütigen Unterrichtseinheiten.

BRIEF AN EINE UNBEKANNTE MUTTER

Liebe Frau Vukocevic,

vielleicht heißen Sie ja auch Vukovic. Leider ist es mir bis jetzt nicht gelungen, in diesem Detail Klarheit über die Verhältnisse zu bekommen. In den gefälschten Unterschriften Ihres Sohnes werden Sie abwechselnd mit beiden Namen geführt, und der Schülerbeschreibungsbogen der Behörde, der mir Klarheit verschaffen könnte, ist nun seit drei Wochen »schon unterwegs«. Was die Sache nicht gerade leichter macht: Ihr Sohn Kevin reagiert, sofern physisch anwesend, was durchaus vorkommt, weder auf den einen noch auf den anderen Namen. Leider scheinen auch Sie und der Vater des Kindes nur virtuell vorhanden zu sein. Gesehen oder gehört habe ich Sie beide bis jetzt jedenfalls nicht, und immerhin neigt sich das erste Semester inzwischen seinem Ende zu. Sollte auch dieses Schreiben unbeantwortet bleiben, werde ich es aber noch auf »Facebook« versuchen.

Gerade ist Elternsprechtag. Eine Stunde hätten Sie noch, aber ich bleibe mit Verlaub skeptisch, Sie heute zu sehen, daher dieser Brief. Nicht, dass ich das nicht irgendwie verstehen könnte. Auch für unsereiner gehört so ein Elternsprechtag nicht zu den schönsten Tagen im Leben. Du verbringst drei, vier, manchmal fünf weitere Stunden zwischen den angeschmierten, verklebten und zerkratzten Sesseln und Tischen deiner knapp 100 Schüler, und glauben Sie mir, es kommt nur in Ausnahmefällen zur Ausschüttung von Glückshormonen, wenn du Eltern erzählst, was ihre großen Söhne und Töchter in schulischen Belangen so draufhaben – oder eben nicht. Die meisten meiner Kolleginnen nehmen an solchen Tagen ein paar extra Dosen Koffein zu sich, manche greifen sogar zu Alkohol, wenn auch überwiegend in Form einschlägig gefüllten Konfekts.

Früher einmal, so erzählen sich unsere älteren Häsinnen, wenn sie erschöpft ums Lagerfeuer sitzen, um über früher einmal zu reden, und nebenbei an der Friedenspfeife ziehen, sei an Elternsprechtagen noch schulfrei gewesen. Da sei man als Lehrerin einigermaßen ausgeruht an diesen Abschnitt der Front marschiert. Aber diese Vorbereitungszeit auf den elterlichen Diskurs haben sie uns gestrichen. Dementsprechend bewölkt ist an solchen Tagen der Himmel im Haus.

– *Du schaust aber gar nicht gut aus, Kollege! Gestern noch auf den Elternsprechtag vorbereitet?*
– *Nein, heute noch die 2A.*

Sie streichen uns seit Jahren in regelmäßigen Abständen etwas: zuerst die Unterrichtstunden für die Schüler, in einem Aufwaschen damit unsere Überstunden, dann die bezahlten Mehrdienstleistungen, später die Klassenvorstandszulagen, zuletzt die autonomen Tage. Als Nächstes werden sie uns die Ferien streichen.

Aber wissen Sie, Frau Vuko(ce)vic, dann ist Schluss: Sollen sie sich ihre Kinder doch selber unterrichten! 25 gleichzeitig auf zehn mal sechs Metern, und das den halben, streckenweise gar nicht lieben Tag lang. Dann werden sie schon sehen, dass eine Lehrerin ihre schülerfreien Tage braucht wie ein Pilot den Schlaf zwischen seinen Langstreckenflügen.

Vielleicht tu ich Ihnen ja Unrecht und Sie klappern gerade das Schulgebäude erfolglos nach meinem Arbeitsplatz ab. Den werden Sie nämlich nicht finden. Lehrer haben keinen Arbeitsplatz. Meistens findet man uns daher entweder auf dem Gang, wo wir raumsparend zwischen stehenden, hängenden und heruntergefallenen Werkstücken flanieren, oder als Gast in einem der Klassenzimmer, die aber, wie die Ziffern und Buchstaben an den Türen schon besagen, unseren Schülerinnen gehören und nicht uns. Sporadisch könnte man uns auch im sogenannten Konferenzzimmer sehen, einer Art Aufenthaltsraum für Lehrkräfte. Dort könnte man uns sehen – Möglichkeitsform –, wenn es die Türme an Heften und Mappen nicht gäbe, die wir dort zwischenlagern müssen, bevor wir sie in Koffern und Taschen, Kisten und Kastenwägen nach Hause schleppen, um sie dann in mühsamer Heimarbeit wieder abzubauen.

Apropos schleppen: Aufzug haben wir keinen. Damit ersparen wir uns zwar einmal pro Woche Bauch-Schenkel-Po in der Volkshochschule, aber sagen Sie das einmal meinem Rücken! Gut, den Overheadprojektor lasse ich mir von einem der Männer die Stiegen hinauf- und hinuntertragen, und einer der beiden ist meistens da. Zwei Männer haben wir in unserem knapp 40-köpfigen Lehrerinnenkörper, richtige Männer mit tiefen Stimmen und den Knopfleisten an den rechten Seiten ihrer Bundfaltenhosentüren. Wenn du einmal Lehrerin bist, siehst du nicht mehr oft fremde Männer. Väter scheint es zu deinen Schülerinnen und Schülern jedes Jahr weniger zu geben und Kollegen sind rar geworden. Sieben von zehn Lehrerinnen sind Frauen, sagt die Statistik, auf manchen Schulstufen sogar neun von zehn. Da staunen Sie, nicht wahr? Die klugen Köpfe im Fernsehen sprechen seit Jahren von einer gefährlichen »Feminisierung« des Berufstands, offensichtlich vergeblich: Seit vorigem Jahr ist bei uns sogar der Islam-Lehrer eine Frau.

Aber mich wundert das nicht. Welcher Mann wählt freiwillig einen Sozialberuf mit null Prestige und keinen Aufstiegsmöglichkeiten? Wobei diese Sache mit dem Prestige so eine Sache ist. Unlängst habe ich gelesen[50], dass nur Ärzte, Priester und Universitätsprofessoren in der Bevölkerung ein höheres Ansehen genießen würden als wir Lehrer. Wohingegen Soldaten, Politiker, Gewerkschafter und – Achtung! – Journalisten auf den letzten Plätzen der Imageliste herumgrundeln würden. Vielleicht schreiben sie in gewissen Zeitungen deswegen immer, wie schlecht wir unseren Job machen ... »Neue OECD-Studie: Jeder 5. Lehrer schwänzt die Schule«[51], las ich heute früh auf dem Weg in die Schule. Leider fand ich dann im ganzen Artikel keine Bestätigung für die betreffende Aussage. Was ich fand, war: »Jeder 5. Schuldirektor beschwert sich darüber, dass die Abwesenheit von Lehrern das Lernen sehr oder in einem gewissen Ausmaß behindert.« Ist das dasselbe? Nein, ist es nicht. Bleibt also die Frage, wie sehr die Abwesenheit unserer Schüler, die später Gratisjournalisten werden, die Qualität unserer Zeitungen sehr oder in einem gewissen Ausmaß behindert.

Gerade ist wieder »Banküberfall«, ich nenne es so: Banküberfall. Aber schrecken Sie sich nicht, in Wirklichkeit ist es unsere Schulglocke, so eine, wie sie in österreichischen Schulen seit mehreren Jahrhunderten alle 50 Minuten ertönt. Dabei haben wir heute im Lehrerzimmer tatsächlich schon über einen richtigen Bankraub gesprochen:

- *Hast du gelesen, Kollegin ... der Banküberfall in Pottenbrunn?*
- *Nein, wieso?*
- *Ein Wunder, dass der wirklich eine Bank erwischt hat. (Pause) Und nicht zum Beispiel eine, sagen wir, Putzerei.*
- *Aha?*
- *War einer von mir. Vorletzte 4A. Vollidiot. Nekula oder Newerkla oder so.*
- *Wie hast du ihn denn erkannt?*
- *Erstens am G'sicht, das er in die Kamera gehalten hat.*
- *(Pause) Und zweitens?*
- *»Überfall« mit a.*
- *Wieso, a stimmt eh. »...fall«.*
- *Aber nicht »Üba...«.*

Wenn Sie jetzt auch noch ein Weilchen mit mir plaudern wollten (über Ihren Sohn zum Beispiel), dann müssten Sie schnell sein, Frau Vuko(ce)vic. Eben hat der Schulwart die Klassentür aufgerissen und zum Zeichen der nahenden Wachablöse zweimal seinen Besen in die Luft gestoßen. Ohne unnötiges Wort. Herr Dvorak mag mich nicht besonders. Das hat sich bereits an meinem ersten Tag entschieden. Später habe ich gehört, das ist vielen so gegangen. Für die Junglehrerin an einer Wiener Pflichtschule gilt nämlich: Im Anfang ist der Schulwart.

- *Grüß Gott, guten Morgen! Mein Name ist …*
- *Morgen. (Pause) Dvorak!*
- *Ich meine, ich bin die neue …*
- *Mia wea'n si scho no kennanlernan, junge Frau, oba net in da Frua.*

Ich habe trotzdem gelächelt. Er nicht. Dafür habe ich die bohrenden Blicke in meinem Nacken gespürt, als ich eilig weitergegangen bin und dabei auf das ordnungsgemäße Abstreifen der Schuhsohlen auf der dafür vorgesehenen Tacke vergessen habe.

- *Und wer wischt 'n Dreck nachher weg?*
- *Pardon, Herr … äh … Dworak?*
- *Ihna Gatsch an die Schuach.*
- *Ach so (Pause) Aber draußen ist es staubtrocken … ich meine, da ist kein Dreck an meinen …*
- *Erzählen S' mir nix vom Dreck, junge Frau, i erzähl ihna dafia aa nix vom Goethe.*

Von Mo. bis Fr. gehört eine Wiener Pflichtschule für gewöhnlich den Sportvereinen. Pilates. Lachyoga. Qigong. Sitzfußball. Stehschach. Die Dinge eben, mit denen hart arbeitende Menschen ihre Tage sportlich ausklingen lassen, wenn es draußen wieder früher finster wird und man seinen knapp eineinhalb Kindern, bevor man sie ins Bett steckt, noch ein bisschen Zeit untereinander gönnen möchte.

Jedenfalls haben Wiener Pflichtschullehrerinnen ihr Schulhaus um 18 Uhr zu verlassen. Dann schließt der Pflichtschulwart unseren Arbeitsplatz hinter uns ab. Als Lehrerin hast du nicht einmal einen Schlüssel dazu. Mag sein, dass man uns behördlicherseits das Auf- und Zusperren nicht zutraut – immerhin haben die meisten von uns nie eine Uni besucht, vielleicht verdanken wir diese Regelung auch unserer Gewerkschaft, die der pädagogischen Zwangsarbeit zur nachtschlafenden Zeit rund um die ZiB 1 einen Riegel vorschieben wollte. Möglicherweise steckt aber auch die Kirche dahinter. An den zweieinhalb Tagen des Herrn und den diversen Wochen seines Geborenwerdens, Ablebens, Auferstehens und Himmelfahrens soll auch die ehrgeizigste Lehrerin nicht in Versuchung geraten, indem sie einen dann vielleicht sogar freien Computer benutzen will.

15 PCs haben wir im Haus, davon 13 für den Informatikunterricht in dem dafür vorgesehenen Zimmer. Die zwei, die dem Besucher selbst beim flüchtigsten Blick ins Lehrerzimmer sofort ins Auge fallen, weil sie einen spontan an die Jahre der ersten Mondlandung erinnern, sind unsere. Angeblich kriegen wir für die zwei alten jetzt dann bald zwei neue. Wie gesagt: *jetzt, dann, bald* – die österreichische Variante von Zeitplanung.

Liebe Frau Vuko(ce)vic, lassen Sie mich zur Sache kommen: Kevin wäre bei uns seit einigen Monaten Schüler einer sogenannten WMS, also einer neuen »Wiener Mittelschule« im Rahmen des gleichnamigen Schulversuchs unserer Frau Bildungsministerin. Neu ist an der WMS zwar nicht viel, denn was da jetzt österreichweit an 244 Schulen versucht wird, hat man in Wien – glauben Sie mir, ich bin mit einem Zeitzeugen befreundet –

bereits vor 20 Jahren versucht. Mit bis heute durchschlagendem Erfolg: Alle an den Versuchen beteiligten Lehrkräfte haben überlebt, die Chancen der Kinder auf berufliche Karrieren etwa als Fernsehmoderatorin, Bundespräsidentschaftskandidat oder Skispringer bleiben statistisch nicht signifikant hinter jenen der anderen zurück. Vor allem aber können sich die Verfechter des bestehenden Schulsystems zufrieden zurücklehnen: Nach wie vor besuchen die Kinder von Gymnasiasten und Akademikern weiterhin ungestört Gymnasien und Akademien, die anderen findet man zum Ausgleich als ebenso homogene Gruppe auf dem Teilzeitarbeitsmarkt bzw. als ESLs (= Early School Leavers = vorzeitige Bildungsabbrecher) in den Statistiken des AMS.

Ein Loblied dem Schulversuch!

Für Ihren Sohn sähe der Schulversuch, grob umrissen, so aus, dass er grundsätzlich in den Genuss des bewährten klassischen Hauptschulunterrichts käme, aber drei Mal die Woche in Turnen seine Klimmzüge, Kniebeugen und Liegestütze unter den versierten Augen eines echten Professors einer mit uns eng kooperierenden AHS machen dürfte, deren Namen ich jetzt leider auch nicht so weiß. Wie gesagt nimmt Ihr Sohn dieses Angebot leider nur sporadisch in Anspruch. Um ehrlich zu sein, könnten die meisten hier nicht einmal ein Phantombild von ihm zeichnen. (Ist er der mit der Sonnenbrille?)

Sehen Sie, Frau Vuko(ce)vic, und das ist auch ein Grund für dieses Schreibens: In Wahrheit hat Ihr Sohn nur Sie! Sie und seinen Vater. Nehmen Sie doch das Heft in die Hand! Auf die viel beschworene »Chancengleichheit und Chancengerechtigkeit im österreichischen Bildungssystem« können Sie sich so sehr verlassen wie auf Meinungsumfragen vor Kommunalwahlen oder Medaillenprognosen vor Olympischen Winterspielen. Österreichs Cheftrainer in Bildungsfragen[52] erzählte auf einem dieser Bildungssymposien, die immer nur von jenen besucht werden, die ohnehin nicht mehr überzeugt zu werden bräuchten, folgende Schnurre aus dem Alltag des Bildungsexperten: Nach den ersten internationalen Volksschülerleistungsvergleichsdebakeln[53] seien unsere Volksschulkinder auf Lesefähigkeit und Textverständnis geprüft worden. Die Ergebnisse seien dann mit den Deutschnoten verglichen worden. Dabei habe sich herausgestellt, dass in Österreich jedes dritte Kind mit nur »mittlerer Lesekompetenz« dennoch ein »Sehr gut« im Zeugnis bekomme, sofern (*sofern*) es sich um ein Kind von Eltern mit Matura oder akademischem Abschluss handle. Umgekehrt hätten neun von zehn Kindern mit Eltern im sogenannten »bildungsfernen Milieu« bei »mittlerer Lesekompetenz« nur ein »Gut« oder gar »Befriedigend« im Zeugnis stehen.

Wumm!, würde ich sagen. Aber es sagt keiner wumm!, dabei kommt es noch dicker: Selbst die, die es schaffen, trotz ungünstiger Eltern- und Großelternhäuser ihre verdienten Einser nach Hause zu bringen, verrecken auf den schulischen Nebengleisen: Nur jedes dritte Kind, das die vierte Klasse Volksschule mit »Sehr guts« in Deutsch und (!) Mathematik abschließt, geht anschließend in eine AHS, wenn (*wenn*) seine Eltern selbst nur Pflichtschulabschluss haben. Umgekehrt aber vier von fünf Akademikerkindern ...

Noch einmal wumm! – und immer noch nicht Schluss mit unlustig! Zu einer handfesten Sauerei wächst sich die angewandte Chancenungerechtigkeit aus, wenn das Vergleichskriterium für unsere Kinder nicht die Schichtzugehörigkeit ist, sondern die Herkunft. Mit dem emotionalen Aufschrei »Schande über dieses Land!« kommentierte der vorhin erwähnte Bildungsexperte folgendes statistisch erfasste Faktum[54]: Das Risiko, eines Tages am Nummernzettelautomaten des AMS zu ziehen, ist bei einer Person mit sogenanntem »Migrationshintergrund« bis zu sieben Mal höher als das eines Eingeborenen. Und vier Mal höher ist dieses Risiko selbst dann noch, wenn dieser »Migrationshintergrund« mit freiem Auge gar nicht mehr auszumachen ist, weil nämlich die Person im Vordergrund in Österreich geboren wurde, hier aufgewachsen ist und längst die österreichische Staatsbürgerschaft besitzt.

An wem das liegt, Frau Vuko(ce)vic? Schauen Sie sich um! Versuchen Sie einmal, den Menschen, denen Sie täglich begegnen, ganz tief in ihre blauen Augen zu schauen. Das können Sie gar nicht. Denn die verändern ihre Augenhöhe, sobald sie Ihnen begegnen. Die sagen »Integration« und meinen das gute alte »Dienern«, die Demutshaltung. Im noch schlechteren Fall meinen sie »Daham statt Islam«.

Frau Vuko(ce)vic, vielleicht beleidige ich Sie hiermit, das täte mir leid, denn, glauben Sie mir, ich kann dieses Gerede von »bildungsfern« und »bildungsnah« gar nicht mehr hören. Und dieses Auseinanderdividieren von Menschen mit und ohne sogenanntem »Migrationshintergrund« schon gar nicht.

Im »Kurier« empörte sich die freie ORF-Journalistin Münire Inam: »Man versucht dir einen Identitätskonflikt umzuhängen, nur weil du einen anderen Namen hast.« »Man« – meistens handelt es sich dabei genau um die Menschen, die zuerst für die Schieflage verantwortlich sind und dann publikumswirksam darüber wettern, dass Menschen darauf ins Rutschen geraten. Im tiefsten Inneren, Frau Vuko(ce)vic, ist es uns Lehrern – verzeihen Sie die Wortwahl – scheißegal, ob die Eltern unserer Schüler aus Inn am Ganges stammen oder aus Braunau am Indus. Pfeifen wir doch einfach auf den »Migrations«-Hintergrund! Teilen wir doch Schüler und ihre Eltern ab sofort in, sagen wir, solche mit »IKEA-Möbel«-Hintergrund und solche ohne ein! Gehört Ihr Kind also zu jenen soundso viel Prozent mit »IKEA-Möbel«-Hintergrund? Das würde natürlich einiges erklären. Was genau, werden wir schon noch feststellen. Dazu werden wir Kommissionen gründen und Ausschüsse einberufen, Arbeitskreise bilden und Round-Table-Gespräche führen. Wir hätten wieder etwas, wovon wir umgehend ausgehen könnten. Wir hätten die potenziell richtigsten Antworten auf die essenziellsten Fragen: Warum sind die einen so und die anderen auch, aber die Dritten nicht und die Vierten ganz anders? Und was ist nur mit unseren Kindern überhaupt los? Geschichtsstunde, Rade, 13, zeigt auf:

- *Tun wir heute von diesem Mann lernen, der bei einer Messerstecherei gestorben ist, Frau Lehrerin? (Pause) Der vom Asterix.*
- *(Pause) Ach, du meinst Caesar! Na ja. Eigentlich … aber wenn dich Caesar interessiert, können wir ja schon heute mit den Gallischen Kriegen …*
- *Ich war gestern nämlich auch bei einer Messerstecherei. Mein Cousin hat den anderen voll gemeiert. Ich habe das Video auf dem Handy. Dürfen wir es später…*
- *Rade!*
- *Sie sagen ja immer, wir sollen mitarbeiten.*

Ein Missverständnis. Eines von vielen. Testfrage in Geschichte: »Wie wurden im alten Rom die Soldaten genannt, die in fremden Ländern Kriegsdienst versahen?« Die Kollegin hatte mündlich hinzugefügt, dass die gefragte Bezeichnung heute noch in Verwendung sei, wahrscheinlich hätte sie sagen müssen: »zum Beispiel im Fußball«, dann hätte Ogur vielleicht eh »Legionäre« geschrieben und nicht »Terroristen«.

Keine Sorge, Frau Vuko(ce)vic, wir haben es bei dem Kind gewiss nicht mit einem Schläfer im Dienste der Taliban zu tun. Auch wäre seine Antwort anders ausgefallen, wenn meine Kollegin die Testfrage nicht auf Deutsch hätte stellen müssen.

Musste sie aber. Seine Muttersprache kann Ogur noch weniger als Deutsch. Damit steht er in Wien nicht allein da.

- *Sag, Ahmet, deine Mutter hat die Erklärungen zur Hepatitis-Impfung noch immer nicht unterschrieben ...*
- *Sie versteht es nicht.*
- *Wieso? Ich habe dir doch das türkische Info-Blatt mitgegeben, oder?*
- *Sie versteht es trotzdem nicht.*
- *Sie kann nicht Türkisch, meine Mutter kann es auch nicht.*
- *Sei still, Gülden. (Pause) Ahmet, kann deine Mutter wirklich nicht Türkisch?*
- *Kochen schon.*

Nein, ich will mich keineswegs über jemanden lustig machen! Mein Kollege Roland H. unterrichtete einige Zeit an der »Martin Luther King High School« in Manhattan. Wenn er Tests korrigierte, korrigierte er solche auf Englisch und andere auf Spanisch verfasste. Wie mein Kollege erklärte, wäre es »drüben« als »unfair« empfunden worden, jemanden, der nicht gut Englisch kann, auf Englisch zu prüfen. Das nenne ich einen Ansatz.

Ich weiß nicht, ob Ihr Sohn bei seinen seltenen Besuchen seine chinesische Mitschülerin Ren Wang kennengelernt hat. Die sitzt mit ihrem elektrischen »Translator« in der Klasse und ist völlig entmutigt, weil sie von niemandem – niemandem! – verstanden wird und umgekehrt. Aber auf den Pädagogischen Hochschulen vergällen sie hochmotivierten Lehramtskandidatinnen aus fernen und weniger fernen Ländern das Studium, indem sie ihnen ununterbrochen ihre »Defizite in der deutschen Sprache« vorhalten. Eine Bekannte aus dem Ausland brach ihre Ausbildung zur Hauptschullehrerin nach zwei Semestern ab, weil man ihre Performance in den Praxisstunden unentwegt auf ihre »sprachlichen Fehler« hin bewertete. Für die Matura in Wien hatten ihre Sprachkenntnisse noch gereicht. Und hätte sie etwa vorgehabt, Deutsch-Lehrerin zu werden? Nein, Mathematik und Zeichnen wären ihre Fächer geworden.

Apropos, und damit, liebe Frau Vuko(ce)vic, die gute und die schlechte Nachricht. Zuerst die gute: Wollen Sie wissen, wieso Kevin *nicht* zu den 30 Prozent aller Schulkinder gehört, die von Burn-out betroffen sind? Weil nichts ausbrennen kann, wo nichts brennt. Jetzt die schlechte: Ihr Sohn wird in »Geometrisch Zeichnen« im Semesterzeugnis leider ein »Nicht genügend« bekommen. Sein gesamtes Oeuvre aus vier Schulmonaten GZ besteht aus zwei zerknitterten Blättern, auf denen nur bei genauester Betrachtung mehrere mit Bleistift gezeichnete Linien auszunehmen sind, die aber irgendwann der brachialen Gewalt eines schlecht radierenden Radierers gewichen sein müssen.

Ich gebe zu, ich selber habe die räumlich-geometrische Annäherung an das richtige Leben auch nie verstanden. Schon als Schülerin nicht. Bei uns hieß das Fach »Darstellende Geometrie«, verteilte sich auf mehrere Unterrichtsstunden pro Woche und kostete mich nicht nur mein karges Taschengeld, sondern darüber hinaus auch jenes, das ich mir durch Deutsch-Nachhilfestunden hart dazuverdiente. Schon auf die allererste Schularbeit – Zeichnen eines Würfels unter Berücksichtigung der Perspektive – bekam ich als Einzige *nicht* ein »Sehr gut«, sondern nur ein »Befriedigend«. Ich hatte einen Poker-Würfel gezeichnet, und zwar ohne Berücksichtigung der Perspektive. Ich hatte beim besten Willen nicht erkennen können, welche Seiten und Flächen eines inexistenten Würfels welche Seiten und Flächen perspektivisch verdeckt hätten, wenn er existent gewesen wäre. In der Folge gab es dann keine Schularbeit mehr, auf die ich *nicht* ein »Nicht genügend« bekam. Dabei tat ich, was ich konnte. Zunächst, indem ich nicht mehr kicherte, wenn mein Professor vom »Aufriss eines Körpers« sprach (zugegeben, heute finde ich das auch nicht mehr sooo lustig). Dann vergeudete ich wertvolle Lebenszeit mit einem Nachhilfelehrer, der sich vergeblich darum bemühte, mir die Bedeutung von Dingen wie dem Euler'schen Polyedersatz näherzubringen. Schließlich fand ich die Lösung, indem ich mir alle (alle!) Hausübungsblätter von meiner Freundin St. zeichnen ließ, gegen harte Währung. Und damit hatte ich noch Glück im Unglück. Meinem Vater hatte nämlich der DG-Professor zugesagt, er würde mich unter der Bedingung nicht sitzen bleiben lassen, dass ich am Ende des Jahres alle Hausübungsblätter hätte, alle!, und zwar fehlerfrei. Er dachte wohl, das schafft die Kleine nie. Irrtum: Ich war am Ende zweier harter Jahre zwar immer noch die Schlechteste in DG, aber die Einzige, die alle Hausübungsblätter hatte, alle!

Worauf ich hinauswill, Frau Vuko(ce)vic: Kevin ist zwar kein Mädchen, aber er könnte es trotzdem schaffen. Unter uns gesagt, könnte er ja zeichnen, worauf er Lust hätte, solange für alle erkennbar ein Lineal und ein gespitzter Bleistift im Spiel wären. Seine Lehrerin ist selber keine geprüfte GZ-Lehrerin, nicht einmal Mathematikerin ist sie. Geprüft wurde sie seinerzeit in »Deutsch« und GW, mittlerweile unterrichtet sie daneben noch Kochen, Physik, Bio, Musik, Informatik und GZ. Und kochen, das kann ich Ihnen sagen, kochen kann die, ehrlich!

Wir an den Pflichtschulen unterrichten alle nur teilweise jene Gegenstände, in denen wir akademisch geprüft sind. Das liegt am System, genauer gesagt an unserer sogenannten Verwendung. Die erfolgt nämlich nach dem Motto: Was liegt, das pickt. In der Praxis heißt das: An eine bestimmte Schule kommst du mehr oder weniger willkürlich. Aber bist du lange genug dort, bringt dich keiner mehr weg. Dann hast du das, was man eine »schulfeste« Stelle nennt, und unterrichtest das, was anfällt.

Dagegen ist kein Direktor gewachsen, der heißt nämlich nur so. In Wahrheit müssten Direktoren »Standortsekretäre« heißen, denn mehr sind sie nicht: Verwalter von Schulstandorten. Sie erledigen den Papierkram. Alles, was ein Direktor darüber hinaus macht, ist Fleißaufgabe und passiert – im günstigsten Fall – unter Duldung des Lehrkörpers. Im schlimmsten Fall gegen dessen aktiven oder passiven Widerstand. Darum will auch niemand mehr Direktor werden. Ich kenne Schulen, die werden »interimistisch« geleitet, weil sich seit Jahren niemand für einen Leiterposten bewirbt. Ich kenne eine Schule, die von einer Direktorin geleitet wird, der man im Auswahlverfahren »geringe soziale Kompetenz« bescheinigt hat.

Dafür zittert unsereiner Jahr für Jahr um seinen Job. Wenn ein neuer, geburtenarmer Jahrgang weniger Schüler bringt als üblich, verlieren jene Kolleginnen, die als Letzte gekommen sind, als Erste ihren Job. Einmal hat es meine Freundin Alex getroffen. Die hübsche blonde Alex hat nach dem Motto zu unterrichten versucht: »Du kannst einem Fisch nicht das Klettern beibringen, also bring ihm ordentlich schwimmen bei!« In Englisch sind ihre Schüler das ganze Jahr mit einem einzigen Heft ausgekommen. Dafür mussten sie auf die Straße gehen und Touristen Auskünfte geben, die gar keine wollten.

- *Excuse me, do you want to know where the Opera House is?*
- *Pardon me?*
- *Anyway. Let me tell you ...You go straight ahead, past the ...*

Und so weiter. Bei ihren Schülern ist das gut gekommen. Bei ihrem Inspektor weniger. Der kam einmal zur Inspektion, besah die Hefte und sagte bei der lautstark geführten Nachbesprechung im Konferenzraum: »Da steht ja fast nichts drinnen, Frau Kollegin.« – »Eh nicht«, antwortete sie unter den bleichen

Blicken ihrer fassungslosen Kolleginnen und fügte dann hinzu: »Die meisten Kinder in dieser Klasse können schon auf Deutsch nichts richtig schreiben, wie sollten sie es auf Englisch können?« Der inspizierende Inspektor sagte an diesem Tag nichts mehr, aber im Jahr darauf wurde ihr Vertrag nicht verlängert. Vielleicht ein Zufall. Jetzt ist die gute Alex Sachbearbeiterin bei einem Kreditkartenunternehmen und verdient, sagt sie, 250 Euro mehr als bei uns. Fast wäre sie zum Bundesheer gegangen wie ihr Bruder, der war davor auch Lehrer. »Nach zwei Jahren bist du Unteroffizier und verdienst im Monat 500 Euro mehr als wir«, hat sie gesagt. »Unteroffizier?«, hab ich gesagt. »Und was willst du dort mit all den Fischen machen, die nicht klettern können?« – »Auch wieder wahr«, hat sie gesagt und sich für das Kreditkartenunternehmen entschieden.

Die verkauft jetzt also wenigstens etwas, das ihre Kundschaft auch haben will. Aber wir?

Den Zerfall der Sowjetunion; Satzgliederbestimmen; das größte gemeinsame Vielfache. Tafelkreide. Zirkel. Füllfeder. Fragen Sie mich nicht, wieso den Schulbuchautoren die Macken der griechischen Götter so viele Seiten Wert sind und, sagen wir, die Mucken von Britney Spears oder Lady Gaga nicht eine Seite! Warum in Biologie zum tragischen Leben der Honigbiene das volle multimediale Programm abgespult wird, aber das Thema »Sterbebegleitung« nicht vorkommt! Warum wir unsere Schüler vier Stunden pro Woche in Mathe unterrichten dürfen, aber nur eine in Musik und nicht eine einzige in »schöner Wohnen« oder »Jus« oder »Arzt« oder »Baby« oder »Haushalt«! Warum haben wir nicht eine Schule, die mit ihren Schülern einkaufen, kochen, essen, aufräumen, auf brache Äcker und in fremde Städte geht? Warum schreiben wir in Hefte? Warum noch auf Tafeln? Warum schreiben wir überhaupt die ganze Zeit? Die Schriftsprache besteht aus Regelvereinbarungen, die helfen sollen, die nonverbale Kommunikation zu erleichtern und die Menschen vor Betrug und Missverständnissen zu schützen. Wir aber müssen Menschen danach bewerten, ob sie »dass« und »das« korrekt mit einem oder zwei s schreiben können. Und wir lassen sie durchfallen, *durch-fallen*, wenn sie es nicht können. Dafür führen sie zum Ausgleich Fächer wie Glück[55] ein.

- *Was hast du in Mathe?*
- *Einen Fetzen. Aber das macht nichts. In Glück hab ich einen Einser.*
- *Pfo, einen Einser? Ich habe nur einen Dreier.*
- *Du kannst ja auch noch nicht einmal einen Lotto-Vierer. Außerdem finde ich jetzt fast täglich irgendwo ein neues Handy.*
- *Echt? Wie?*
- *Pass halt auf, wenn der Lehrer etwas erklärt.*

Okay, das war jetzt gemein. Erstens ist »Glück« kein Prüfungsfach, zweitens geht es in »Glück« um Selbstwert und Empathie, Bewegung, Ernährung, Zugang zu Kunst und Kultur und so weiter. Und alles das ist natürlich auch nicht blöder als Satzgliederbestimmen. Ich habe vor einiger Zeit gelesen, wie der Direktor der Willy-Helpach-Schule in Heidelberg, wo Gymnasiasten seit 2007 in »Glück« sogar mündlich maturieren können, seine Philosophie erklärt: »Wir haben in unserer Gesellschaft eine Fehlervermeidungskultur, die den Fokus auf Schwächen legt. Ich wollte etwas dagegenhalten, das an die Stärken der Menschen anknüpft.«

Schauen Sie, Frau Vuko(ce)vic, genau das wollen wir auch, aber dafür müsste uns Ihr Sohn seine Stärken, wie gesagt …

So. Ende. Denn eben waren Sie bei mir. Ich meine, Kevins Mutter war bei mir. Eine sehr nette Person, etwas abgehetzt, aber nett, putzt bei zwei Firmen und geht am Abend als Hilfsköchin in die »Schwarze Katze«. Aber leider heißt sie Nikolic.

Vom Kind her hätte alles gepasst. Kevin! Wir haben ihn beide zweifelsfrei als Kevin identifiziert, Frau Nikolic hatte ein Foto dabei. (Mit Sonnenbrillen, ich habe es ja gewusst!) ... Vergessen Sie also, was ich geschrieben habe. Oder nein, vergessen Sie es nicht. Ersetzen Sie gegebenenfalls »Geometrisch Zeichnen« durch einen anderen Gegenstand Ihrer Wahl. Alles andere ist jetzt mein Problem und vermutlich eines unseres computergestützten Schulbehördenprogramms ... Bleibt nur die Frage: Wessen Mutter sind Sie, Frau Vukovic?

Oder Vukocevic?

Hochachtungsvoll, Elfi G., Klassenvorstand

20 UND 1 FORDERUNG AN POLITIK UND GESELLSCHAFT

Ich habe es weiter vorn schon geschrieben: Schule ist nicht Schule. Lehrerin ist nicht gleich Lehrerin. Eine Hauptschule in Els im Waldviertel funktioniert naturgemäß in einem anderen Rahmen und unter anderen Bedingungen als eine Hauptschule in Bécs[56]-Fünfhaus. Die Lehrerin in der Oberstufe eines Privatgymnasiums in Baden erlebt Schulalltag anders als die Integrationslehrerin in einer Mehrstufenvolksschule in Linz-Urfahr (gibt es die?). Nicht alle Forderungen gelten daher für alle Schulen und Lehrer.[57] Aber die meisten für die meisten.

> *Alle großen Ideen scheitern an den Leuten*
> (Bertolt Brecht, Schriftsteller)

> *... oder weil sie schlecht sind.*
> (Maria Peresich, Lehrerin)

Urteilen Sie selbst!

1. Lehrer brauchen eine gemeinsame Grundausbildung!

Salcher sagt: »Der freie Zugang zum Lehrberuf muss abgeschafft werden.« So ist es. Menschen, die vor allem Fächer unterrichten wollen und nicht vor allem Kinder, sind für den Lehrberuf ungeeignet. Menschen, die glauben, Homogenität sei in der Gesellschaft der anzustrebende Idealfall, sind als Lehrer fehl am Platz. Heterogenität ist der Normalfall. Lehrer haben darauf konstruktiv zu reagieren, nicht destruktiv – auch nicht ignorant. An dieser Stelle ein Zitat der Journalistin Barbara Coudenhove-Kalergi, die an einer Schule in Wien ehrenamtlich als »Mama-spricht-Deutsch-Lehrerin« arbeitet: »Als Außenstehende habe ich manchmal den Eindruck, Lehrerinnen glauben, ihre Schule müsste von Kindern von Mittelstandseltern bevölkert sein. Leider sehen sie nicht, dass das nicht der gesellschaftlichen Realität entspricht.« Schafft Aufnahmsprüfungen ab, in denen angehende Lehramtsstudenten Tierfabeln deuten oder Notenzeilen korrekt mit Köpfen füllen müssen. Prüft stattdessen ihre Haltung zu Kindern. Nicht nur vor Beginn ihrer Ausbildung in knapp 50-minütigen Einstellungsgesprächen, sondern im Rahmen von Berufseingangsphasen. Gebt den Studierenden eine professionelle Ausbildungsbegleitung, eine Tutorin, einen Tutor, und viel Gelegenheit zur sogenannten Selbstevaluierung. Bis Jahresende will Wissenschaftsministerin Beatrix Karl ein Konzept zur »Lehrerbildung neu« erarbeitet und verhandelt wissen. Hoffentlich steht dort dann, dass die Klassifizierung in »höhere« und »weniger hohe« Lehrer einer der Kardinalfehler des Systems ist. Lehrer müssen gleichwertig – nicht gleich! – ausgebildet werden, und das nicht nebeneinander (Kindergärtner in Schulen, Pflichtschullehrer in Hochschulen, AHS-Lehrer an den Unis), sondern verschränkt. Außerdem: Damit Lehrer endlich als gleichwertig angesehen werden, müssen sie auch nach demselben (!) Gehaltsschema entlohnt werden.

2. Mehr LehrER braucht das Land!

Her mit der Quotenregelung für Männer. In den letzten Jahrzehnten ist es zur einer Verweiblichung des Lehrberufs gekommen. An Volks- und Hauptschulen gibt es einen Frauenanteil von 80 bis 90 Prozent. An der Schule, an der ich unterrichte, fehlen, wenn unser Muttersprachenlehrer und ich gleichzeitig krank sind, 100 Prozent unserer männlichen Lehrer. Und ich gehöre, siehe erstes Kapitel, streng genommen gar nicht »zum Stand«. Der Männerschwund im Lehrberuf verstärkt noch die negativen Folgen, die sich aus dem Trend zur »Mutter-Oma-Kind«-Familie ergeben. Wollen wir tatsächlich eine Gesellschaft, in der Kinder und Jugendliche so lange keine Männer mehr zu sehen kriegen, bis sie selber welche sind?

3. Rüstet alle Lehrer bereits in der Ausbildung für »schwierige Fälle« – alle!

Es ist fahrlässig, angehende Lehrerinnen ohne profunde Ausbildung in »Sonderpädagogik« an die Front zu lassen! Das Trennen in »normale« Kinder und solche, die »sonderpädagogischen Förderbedarf« haben[58], ist Steinzeitpädagogik. Es gibt heute kaum noch Schulklassen, in denen nicht Kinder säßen, die, vorsichtig formuliert, so viel Aufmerksamkeit beanspruchen, dass andere dadurch »zu kurz« kämen. Schon allein deswegen sollte es keine Unterrichtsstunde geben, in der nicht zwei Lehrerinnen gleichzeitig unterrichten. Beide mit der dafür notwendigen Ausbildung. In Finnland, erzählte mir Gerhard Tuschel[59], der »Mastermind« der österreichischen Schulintegration, würden 17 Prozent aller Schüler eines Jahrgangs in den Vorzug einer »Special Needs Education« kommen. Wer sich also Finnland anschaut, muss zu dem Schluss kommen, dass dort vier Mal so viele behinderte Menschen leben wie bei uns, denn in Wien etwa liegt der Anteil bei nur 4,6 Prozent – und ist damit bereits doppelt so hoch, wie er vom Gesetz her sein dürfte! Sie haben richtig gelesen: dürfte. In Österreich ist nämlich der Anteil der SPF-Kinder mit 2,7 Prozent gedeckelt. Mehr Behinderung ist budgetär einfach nicht vorgesehen. Tuschel: »Das ist, als würden Sie einem Skifahrer, der mit gebrochenem Bein im Schnee liegt und auf einen Rettungsarzt wartet, sagen: Sorry, Quote heute schon erreicht. Bei Ihrem Beinbruch muss es sich um einen Irrtum handeln.« Übrigens: Wollen Sie wissen, wie viele Integrationsklassen – also Klassen, in denen vermeintlich behinderte Kinder und vermeintlich nicht behinderte Kinder gemeinsam und mit zusätzlicher Betreuung eines sogenannten I-Lehrers unterrichtet werden – an Gymnasien untergebracht sind? Zwölf. Nicht Schulen – Klassen! Zwölf Stück. Elf davon in Wien …

4. Vermittelt Lehrern ein zeitgemäßes Berufsprofil!

Erstens: Der Lehrer von morgen ist Lebensabschnittsbegleiter. Die Zeiten, in denen Kinder im 50-Minuten-Takt »mit Stoff gefüllt« und nach Mittag mit Hausaufgaben in die Welt entlassen werden, sind für immer vorbei. Nur wer sich dessen bewusst ist, wird später seine Freizeit nicht auf der Couch des Therapeuten verbringen müssen. Zweitens: Der Lehrberuf ist kein »Ferien«-Job. Wem als Gründe für seine Berufswahl vor allem der Juli und der August einfallen, sollte besser Nationalratsabgeordneter werden. Und: Der Lehrberuf ist kein Halbtagsjob. Die Kollegin, die vor 30, 40 Jahren Lehrerin wurde, weil ihr das die Möglichkeit bot, neben der Aufzucht der eigenen Kinder noch ein Körberlgeld dazuzuverdienen, und die heute knapp vor der Pensionierung steht, sollte sich möglichst schnell in dieselbe begeben – und ihr Berufsbild dort einmotten!

5. Stoppt den Versuch, den Lehrberuf um jeden Preis zu akademisieren!

Zurzeit gibt es den Trend, den Lehrberuf zu »akademisieren«. Ein Fehlversuch. Kritische Worte dafür fand die Rektorin der Pädagogischen Hochschule des Bundes in Wien, Dagmar Hackl: »›Mehr Wissenschaft‹ ist ein Slogan, der permanent geprägt wird. Die Frage ist, wie wissenschaftlich ein Lehrer sein muss. Ich glaube, die Aufgabe der Pädagogischen Hochschulen besteht darin, dass wir den Lehrern ein gutes Maß an Reflexionsmöglichkeit vermitteln und das Wissen darüber, wie man sich neueste wissenschaftliche Erkenntnisse zu eigen macht. Nicht jeder Lehrer braucht ein Wissenschaftler sein.« Kommentar überflüssig.

6. Lasst uns Kinder wie normale Menschen behandeln und nicht wie rohe Eier!

Nein, Lehrer wollen nicht zurück zur Rohrstockpädagogik. Aber die meisten von ihnen trauen sich zu, ein Kind anzugreifen, ohne es dabei grün und blau zu schlagen oder sexuell zu missbrauchen. Lehrer wollen auch mal explodieren dürfen und Fehlverhalten sanktionieren, ohne Angst haben zu müssen, von der Schulbehörde dafür im Regen stehen gelassen zu werden.

7. Gebt den Lehrern die Schule zurück!

Manchmal lese ich, die Schule als Ort, an dem eine Dienstleistung erbracht werde, müsse den Schülern gehören, denn diese seien »die Kunden«. Das ist Unsinn. Gehört etwa die Arztpraxis den Patienten? Oder der städtische Autobus seinen Fahrgästen? Die Schule muss wieder ihren Lehrerinnen und Lehrern gehören. Als Ort, als Gebäude. Aber auch als System. Sie sind es, die für ihre »Kunden« die Arbeit verrichten. Von ihrer Motivation und Begeisterung, von ihrem Engagement, ihrem Einsatz und ihrer Zufriedenheit hängt letztlich ab, was »Schulklima« genannt wird. Die letzte große Erhebung zur Befindlichkeit von Schülern, Eltern und Lehrern, die Wiener Schulumfrage 2009[60], zeigt das Dilemma deutlich auf: Während die Zufriedenheit der »Kunden«, also der Schüler und deren Eltern, wenig überraschend hoch liegt (85 Prozent erklärten sich »sehr zufrieden« oder »eher schon zufrieden« mit der Situation), sieht das Bild bei den Lehrerinnen und Lehrern ganz anders aus: »Eher schon zufrieden« sind kaum noch 60 Prozent. Nur 15,4 Prozent der AHS-Lehrer sind mit dem Status quo »sehr zufrieden«, gar nur 8,7 Prozent der Hauptschullehrer. Und: Jeder fünfte Lehrer machte sein Kreuz bei »eher nicht zufrieden«! Nur wenn man die Lehrer im »System Schule« wieder die ihnen zustehende Rolle spielen lässt – nämlich die Hauptrolle – werden sie von ihren Schülern als Spielern auch das herausholen können, was in ihnen steckt.

8. Sorgt für eine menschenwürdige Arbeitsplatzsituation!

Lasst die Lehrer dort, wo sie arbeiten, Büroräume oder wenigstens Büroplätze einrichten, gebt ihnen Kästen, Läden, Regale, Computer und Schreibzeug. Gebt ihnen endlich eigene Schreibtische! Schafft zeitgemäße Arbeitsplatzbewirtschaftung! Warum verwehrt man den Lehrern den freien Zugang zu ihren Gebäuden? Wie sinnvoll ist es, Lehrer nach 18 Uhr und an Wochenenden und Feiertagen von ihrem Arbeitsplatz auszusperren, wie das an sämtlichen Pflichtschulen in Wien der Fall ist? Gebt Lehrern das Gefühl, in der Schule an ihrem eigenen Arbeitsplatz zu sein. »Schule neu« ist durchaus auch architektonisch eine Herausforderung. Ketzerische Frage: Warum muss sich Schule eigentlich in möglichst großen Bauten abspielen?

9. Führt endlich die »9-to-5«-Schule ein!

Lehrer gehören an die Schule, ganztägig. Das verlangt – leider, aber so ist es – unsere Arbeitsgesellschaft. Warum und vor allem wie sollte sich die Patchwork-Mami, die im Rahmen ihres »Teilzeitjobs« zehn Stunden am Tag unter dem Headset eines Callcenters verbringt, nach Dienstschluss noch um den unechten Bruch im Hausübungsheft ihrer Vanessa kümmern müssen? Wann und wie soll der geringfügig beschäftigte Papi aus Bosnien, der finanziell nur überlebt, weil er an drei Baustellen gleichzeitig schwarz arbeitet, seinem Sohn dabei helfen, ein Referat über die »verschiedenen Formen der Energieübertragung unter besonderer Berücksichtigung der Wärmeleitung im Unterschied zur Wärmeströmung« (Stoff eines Zwölfjährigen) auszuarbeiten. Eben. Die 9-to-5-Schule würde auch bei den Lehrerinnen und Lehrern Druck wegnehmen. Es funktioniert einfach nicht (mehr), die Anforderungen, die ein 40-, 50-Stunden-Beruf stellt, in fünf schlanke Vormittage zu pressen.

10. Stellt den Lehrern Studierende für Assistenzeinsätze an die Seite!

Ganztagsschule kann *nicht* bedeuten, dass ein Lehrer den ganzen Tag über 20, 25 oder 30 Kinder betreut. Das hält der stärkste Ochs nicht aus, das kann jeder bestätigen, der zu Hause seine statistischen 1,4 Kinder hat. Lasst Stunden reiner Beaufsichtigung, aber auch der konzentrierten Nachhilfe Lehramts-Studierende der Pädagogischen Hochschulen und Unis leisten! In Form bezahlter Assistenzeinsätze. Diese wären praxisnahe Vorbereitung auf den Berufseinstieg und allemal sinnvoller als das öde Stundenvorbereitungsschreiben unter Laborbedingungen, wie es an den Pädagogischen Hochschulen seit Jahrzehnten üblich ist.

11. Gebt den Direktoren das Recht, »to hire and to fire«!

Natürlich sollen Lehrer von ihren Direktoren nicht einfach auf die Straße gesetzt und damit brotlos gemacht werden können. Aber jeder Direktor muss das Recht haben, sich seine Lehrer auszusuchen und gemäß einem genau definierten Schulprofil einzusetzen. Oder aber ihn an eine andere, besser geeignete Schule zu vermitteln. Es wird dem Lehrer letztlich nur guttun, an jener Schule zu arbeiten, zu der er auch passt. Karl Aiginger, Leiter des WIFO, hält die fehlende Schulautonomie für den Hauptgrund für das bestehende Ausbildungsdilemma. Aiginger im ORF: »Wir haben ein Bildungssystem, mit dem wir trotz überdurchschnittlichen Einsatzes – geldmäßig und auch durch Lehrer – bestenfalls nur durchschnittliche Ergebnisse erzielen.« Schulen von morgen sollen sich nicht dadurch unterscheiden, dass sie einen größeren oder kleineren Anteil an »Kindern mit Migrationshintergrund« aufweisen, auch nicht dadurch, dass sie ihre Klientel entweder zur Matura führen oder indirekt zum Arbeitsmarktservice, sie sollen sich in ihren inhaltlichen Angeboten unterscheiden.

Für Lehrer, die die in sie gesetzten Erwartungen nicht (mehr) erfüllen, müssen Ausstiegsszenarien entwickelt werden. Warum sie nicht in der Erwachsenenbildung einsetzen? *Ein* Ansatz wäre die Verschränkung der Schulen mit den Volkshochschulen.

12. Verbannt das Wort »Lehrverpflichtung« aus dem Sprachgebrauch!

Jedes Jahr pünktlich zu Schulbeginn landet ein Vordruckformular in der Dienstpost, auf dem die Lehrer aufgefordert werden aufzulisten, welche zusätzlichen Tätigkeiten sie außerhalb ihrer Unterrichtsstunden zu verrichten gedenken, um ihre 40-Stunden-Woche zu erreichen. Ich spreche vom sogenannten »C-Topf«. Der wird vorausschauend gefüllt: »Sechs Stunden Elterngespräche« steht dann zum Beispiel auf meinem Zettel, auch wenn es am Ende des Jahres vielleicht doppelt so viele geworden sind, »vier Stunden Materialbeschaffung«, auch wenn es dann nur halb so viele waren, und so weiter. Ein entwürdigender und darüber hinaus verlogener Modus Operandi, der damit zusammenhängt, dass unsere Arbeit in »Lehrverpflichtung« (in meinem Fall 22 Stunden) und »unterrichtsfreie Dienstzeit« getrennt wird. Idiotisch! Weg mit der »Lehrverpflichtung«! Streicht sie aus den diversen Papieren und löscht sie aus dem Sprachgebrauch.

13. Lobet, ehret und bezahlet uns anständig!

Nichts gegen die Bedeutung des Computers. Aber dass ein 17-jähriger Programmierer mehr verdient als ein Lehrer im fünften Dienstjahr, frustriert. Bezahlung hat auch etwas mit Wertschätzung zu tun. An der Klinik Roseneck am deutschen Chiemsee, wo Menschen mit Burn-out behandelt werden, stellen Lehrer (auch aus Österreich) die weitaus größte Patientengruppe dar. Stefan Koch, Psychotherapeut: »Es gibt (...) einen Punkt, der Lehrer verwundbarer macht als Angehörige anderer Berufsgruppen. Er hat mit Wertschätzung zu tun.« Es sollte, so Koch, eine Balance geben zwischen dem, was man in seine Arbeit hineinsteckt, und dem, was man an Belohnung herausbekommt. Diese Belohnung ließe sich festmachen an Beförderung, am Gehalt oder eben an Wertschätzung. Koch: »Oft müssen Lehrer in der Öffentlichkeit als Sündenböcke herhalten, werden als faule Säcke gebrandmarkt, die lange Ferien und ansonsten morgens recht und nachmittags frei haben.«

14. Besucht die Lehrer und schaut, was sie alles leisten!

Sechs Jahre lang bin ich ohne festen Dienstvertrag in der Warteschleife gestanden. Jedes Jahr gegen Schulschluss habe ich brav meinen sogenannten »Antrag auf Weiterverwendung« gestellt. Dann hieß es den ganzen Sommer über zittern. Sechs Mal habe ich schließlich das herbstliche »Okay« bekommen. Im siebten Jahr haben sie mich dann angestellt, für netto 1.200irgendwas Euro. Wurde in all den Jahren des Wartens meine Leistung überprüft? Nein. Wie auch? Lehrer werden bei ihrer Arbeit nicht gesehen. Das ist ein Nachteil. Denn Lehrer haben ihr ganzes Leben lang keine Chance, zu beweisen, was sie tun, mit welchem Aufwand sie es tun und unter welchen Umständen. Weil es niemanden interessieren würde? Nein, im Gegenteil. Der hier schon wiederholt zitierte Günter Haider sagt es öffentlich: »Eine der großen Schwachstellen unseres Schulsystems liegt darin, dass wir nicht wissen, was in den Klassen hinter verschlossenen Türen geschieht.« Der Mann hat recht. Aber an den Lehrern liegt es nicht, dass Schule in Zimmern mit Türen abläuft. Lasst sie also kommen, angemeldet, höflich klopfen und dann zuschauen, wie Lehrer ihr Ding so schaukeln. Sie können ein Feedback geben, sich eventuell selbst ein paar Tipps holen. Sie – damit meine ich zum Beispiel Kolleginnen und Kollegen aus anderen Schulen, damit meine ich Eltern von Schülerinnen und Schülern; damit meine ich sogar andere Schüler. Warum soll ein Kind nicht das Recht haben, einmal einen ihm unbekannten Lehrer beim Geschichtsunterricht zuzusehen? Vielleicht stellt es dabei vergnügt fest, dass man Caesar mit z oder mit k aussprechen kann – und beides nicht falsch ist.

15. Weg mit den alten Fächern!

Schafft sie einfach ab. Andreas Salcher erzählte einmal im Ö1-Interview, er habe eines bis dahin schönen Tages eine Stundentafel aus dem Jahr 1917 zu sehen bekommen und diese problemlos mit einer von heute »in Deckung« bringen können. »Es war schrecklich! Sogar die Reihenfolge der Gegenstände war exakt dieselbe.« Nennen Sie mir einen Beruf – einen! –, in dem sich Werkzeug, Arbeitsmethoden, vor allem aber das thematisch-inhaltliche Angebot so wenig weiterentwickelt haben wie im Lehrberuf! Würden Sie sich unter das Messer eines Chirurgen legen, der mit einem Besteck arbeitet, wie es nach der Schlacht bei Solferino verwendet wurde? Seit Maria Theresia hat sich der Fächerkanon, den wir unterrichten, nicht verändert. Da werden die Lehrpläne zwar immer länger – zugegeben auch besser –, und Bildungsexperten und Beamte auf allen Ebenen verbringen

Wochen und Monate damit, gesellschaftliche Veränderungen in das schulische Angebot hineinzuarbeiten, um den bildungspolitischen Erfordernissen gerecht zu werden – aber dann kriegen die Kinder wie das Amen im Gebet immer dasselbe Menü vorgesetzt: soundso viele Stunden Deutsch, soundso viele Stunden Mathe, Englisch, Geschichte und so weiter. Stichwort »Hauptgegenstand«. Legt dieses Wort endlich auf den Schrottplatz der ausrangierten Begriffe (zwischen Klopfstange und Discjockey). Soll denn etwa Gesundheit – ressortiert zurzeit in »Biologie und Umwelt« – weniger »Hauptgegenstand« sein als Integralrechnen? Womit ich wieder bei der Mathematik bin, dieser heiligen Kuh im Bildungskanon. Ja, man sollte Kindern pflichtschulmäßig beibringen kopfzurechnen, zusammenzuzählen, abzuziehen, sich Prozente auszurechnen oder die Wahrscheinlichkeit, bei »6 aus 45« 1,50 Euro zu gewinnen, ihnen also das Besteck mitgeben, mit dem sie den gesellschaftsüblichen Zahlensalat bewältigen können. Aber der Rest? Das ganze Leben ist Mathematik, heißt es (bei Mathematikern), aber das ganze Leben ist auch alles andere: essen, einkaufen, ein schönes Bild, ein hässliches Haus, Verkehr, ein Mietvertrag, eine Krebsdiagnose.

16. Schafft die Wahlpflichtfächer »Religion« und »Ethikunterricht«!

Seit 1997 wird Ethik als Schulversuch in der Oberstufe unterrichtet. Neben dem konfessionellen Religionsunterricht gibt es in Österreich seit 1997 die Möglichkeit des Ethikunterrichtes. Ethikunterricht ist »Religionsunterricht ohne Konfessionsbrille«, so der Direktor eines Oberstufenrealgymnasiums[61], der selbst Ethik unterrichtet und auch Ethiklehrer ausbildet. Für die 194 Schulen, die derzeit österreichweit den Schulversuch Ethik anbieten, gibt es einen entscheidenden Nachteil. Als Schulversuch muss der Ethikunterricht aus den schulautonomen Mitteln bezahlt werden, zulasten beispielsweise von Freifächern. Ethikunterricht ist somit nach wie vor eine Besonderheit, obwohl in dem Fach auch maturiert werden kann. Warum wird Ethikunterricht als Pflichtfach nicht endlich verankert? Aber bitte nicht *statt* Religion! Als Alternative zu dieser. Religion ist wichtig. Religion ist neben Philosophie der einzige »Gegenstand«, in dem es um die Frage geht, woher wir kommen, wer wir sind und wohin wir gehen. Wahrlich nicht die unwichtigste Frage im Leben eines denkenden Menschen. Natürlich darf es in einem Religionsunterricht zeitgemäßen Zuschnitts nicht um *eine* Religion gehen, sondern um Religionen (Mehrzahl) an sich. Die Belangsendung der »katholischen Kirche« alias »Religionsunterricht« ist Anachronismus. In »Religionen« müssten alle Konfessionen ihren Platz haben, quasi in Form einer »Ringvorlesung«: Judentum, Buddhismus, Christentum, Islam. Und meinetwegen sogar der große »Manitou« ...

17. Schluss mit Sitzenbleiben und Positiv-Prüfen!

Jährlich treten in Österreich rund 40.000 Schülerinnen und Schüler zu einer Wiederholungsprüfung an, 24.000 bis 34.000 müssen dann die Klasse wiederholen. Den Staat kostet das jährlich 300 Millionen Euro für Schulplatz, Familienbeihilfe, Schulbücher und Schülerfreifahrt. Warum lässt der Lehrer »sitzen«? 1) Weil er gerecht sein will: Wenn ich dem, der ein bisschen etwas kann, einen Vierer gebe, kann ich dem, der nicht einmal dieses bisschen kann, nicht auch einen Vierer geben. 2) Weil er damit die »ärgerliche« Performance eines Schülers sanktioniert. – Beides gut gemeint. Leider ist aber gut gemeint eben oft das Gegenteil von gut. Bildungsexpertin Christiane Spiel: »Ein Lernzuwachs beim Repetieren ist zwar möglich, aber nie sicher. Die Schüler leiden aber psychisch, denn es sinkt das Selbstwertgefühl und sie werden stigmatisiert. (...) Sitzenbleiben wird als Versagen erlebt und nicht als Lernunterstützung.« Vorschlag: Drehen wir den Spieß doch um! Schaffen wir das verordnete Sitzenbleiben ab! Jessica *muss* nicht mehr wiederholen, sie *darf*. Wenn ihre Lehrer sie lassen. Aber Achtung! Ein solcher Paradigmenwechsel funktioniert nur unter der Voraussetzung einer entscheidenden flankierenden Maßnahme: keine Zeugnisnoten mehr für ganze Gegenstände (zum Beispiel »Deutsch«), sondern nur noch für Teilgebiete daraus (zum Beispiel »Rechtschreibung«). Ein »Nicht genügend« – wenn Lehrer ein solches schon glauben vergeben zu müssen – bliebe dann aber auch »Nicht genügend«. Wenn sich also eine Schülerin ihr »Nicht genügend« in Deutsch-Rechtschreibung ausbessern will, etwa weil sie vorhat, später Germanistik zu studieren oder Sekretärin in einem Anwaltsbüro zu werden, dann soll sie ihre Lehrer höflich darum bitten. Wenn nicht, weil sie etwa vorhat, Supermodel zu werden, soll sie es lassen. Und endlich könnten Lehrer in einem solchen System mit dem idiotischen »Positiv-Prüfen« aufhören.

18. Organisieren wir das Schuljahr neu!

Zitat Christa Koenne: »Ich meine, dass das Schuljahr schlecht organisiert ist. Alle Lerninhalte zum gleichen Zeitpunkt – nämlich Ende Juni – zu einem Abschluss zu bringen, wäre nicht nötig. Gäbe es Schwerpunktphasen für einzelne Fächer innerhalb des Schuljahres, könnten Abschlüsse gleichmäßiger verteilt werden. Vor allem aber könnte dadurch – und das wäre so wichtig für Lernen, für Neugierigwerden, für Interesseentwickeln – vor allem also könnte dadurch eine Konzentration der Aufmerksamkeit bei Lernenden erreicht werden. (…)

19. Schluss mit der »Migrationshintergrund«-Debatte!

Wer bitte in Österreich hat denn keinen! Ich selbst bin das beste Beispiel: Meine Mutter stammt von Kärntner Slowenen ab, die Eltern meines Vaters kommen aus Böhmen, teilweise mit jüdischen Wurzeln, die in der Hitlerzeit gekappt wurden. Ach ja, und geboren wurde ich in Zürich, wo sich meine Eltern in den ersten Jahren der Nachkriegszeit als Gastarbeiter verdingt haben. Wirtschaftsflüchtlinge nennt man so etwas heute wohl. Als Kind von Zuwanderern bin ich übrigens in mehr oder weniger guter Gesellschaft: Udo Jürgens, Peter Handke, Prinz Eugen der edle Ritter, Beethoven, Vranitzky, Westenthaler, Prohaska, Kafka, Rilke, Resetarits, Pinterits, Hanappi, Krejci, Harnoncourt und der Inder. Alle haben sie »Migrationshintergrund«.

Und Barack Obama – schon mal gehört?

20. Stoppt den Schulversuch »Gemeinsame Mittelschule« – und führt sie ein!

Johannes Hahn wurde seinerzeit zu Unrecht dafür belächelt (auch von mir übrigens, ich gestehe): Um das Problem der »Gettoschulen« zu beseitigen, so Hahn, müsste man die Schüler »von Amts wegen« aufteilen. Und im Bedarfsfall (Wien) auf das gute alte Schulbussystem umsteigen. Natürlich, das hat Nachteile. Vor allem macht es Umstände, logistischer und finanzieller Natur. Aber es hat einen entscheidenden Vorteil: Nur so werden die Schulen sozial durchmischt. In ganz Europa ist das üblich – mit weithin sicht- und messbaren Erfolgen. Die Einführung einer gemeinsamen Schule der Zehn- bis 14-Jährigen ist denn auch die erste dringende Empfehlung in einem aktuellen Österreich-Länderbericht der OECD. Im »Kurier« schrieb dessen gewesener Chefredakteur Christoph Kotanko: »Die Chancen auf die bestmögliche Bildung sind in Österreich ungleich verteilt. Wer aus einem ›armen‹ Elternhaus kommt, hat von vornherein schlechtere Aussichten. (…) Ein weiteres Problem ist, dass die Kinder nur bis zum 10. Lebensjahr gemeinsam in die Schule gehen. Es ist ein Muss für alle Bildungspolitiker, die Aussichten aller Kinder zu verbessern.« An einer gemeinsamen Schule führt kein Weg mehr vorbei. Claudia Schmied weiß das. Beatrix Karl weiß das. Von der Arbeiterkammer über die Wirtschaftskammer bis zur Industriellenvereinigung – alle wissen es. Und (fast) auf der ganzen Welt ist es längst Praxis. Aber in Österreich wird immer noch »versucht«. Salcher spricht in diesem Zusammenhang von einem »vorsichtigen Schritt in die richtige Richtung«. Ich fürchte, er verwechselt Richtung und Weg. Auf einem solchen richtigen Weg ist der »Schulversuch« leider kein Schritt nach vorn, sondern einer zurück, und zwar im besten Fall nur einer. Solange die anderen Schultypen nebenher weiterexistieren, wird die gewünschte Durchmischung unterbleiben. Höhere Töchter und Söhne werden – jedenfalls in Wien – weiterhin die AHS besuchen, tiefere Jessicas und Alis weiterhin die Hauptschule. Und daneben werden ein paar Idealisten in die »gemeinsame Schule« gehen, sofern sie ums Eck liegt …

21. Wir sind ihre Lehrer. Aber vergesst nicht, dass Kinder auch noch Eltern haben!

Dazu ein kurzer Auszug aus dem jüngsten Erfolgsroman des Schriftstellers Arno Geiger.[62] Die Gymnasiallehrerin Sally, 50 plus, sinniert über ihren Beruf:

Früher wurde man geachtet, wenn man den Kindern der Nachbarn etwas beibrachte, heute vernachlässigen die Eltern ihre Kinder und respektierten noch nicht einmal die Lehrer. Die Geringschätzung galt allen Lehrern, auch denen, die in ihrem Beruf Hervorragendes leisteten, Sally, zum Beispiel, darüber waren sich ihre Kolleginnen und Kollegen einig. Wie es passieren konnte, dass ein so wichtiger Beruf zu dermaßen schlechtem Ansehen gelangt war, bereitete Sally Kopfschmerzen. Zumal für viele Kinder die Schule der einzige Ort war, an dem sie sich wohlfühlten. Zumal immer mehr Kinder in der Früh angestürmt kamen mit wild hinter sich her schleifenden Zügeln, die von den Lehrern nur unter halsbrecherischem Einsatz aufgegriffen werden konnten.

Wenn man Sally fragte, waren nicht die Lehrer schlechter geworden, die waren vermutlich wie eh und je, und auch nicht die Schülerinnen und Schüler, die waren nur der Kommentar zu einer schon bestehenden Schieflage, in der sie zu wenig Unterstützung und Verbindlichkeit erhielten. Schuld waren die Gesellschaft und die Eltern. Doch auch die Eltern bekamen in der Arbeit zu viel Druck, überall herrschte Druck, am Abend fehlte die Energie, und dann haperte es mit den Nerven für den Nachwuchs. Man schrie die Kinder an, statt mit ihnen zu reden. Auch mit den Lehrern wurde zu wenig geredet. Viele Eltern tauchten das ganze Jahr über nur ein einziges Mal auf, das machte das Miteinander schwierig.

Oft war es allein Sache der Schule, auszubügeln, was anderswo verpfuscht wurde. Scheiterte die Schule, wurde mit den Fingern auf die Lehrer gezeigt, sei seien faul und unfähig. Da konnte Sally nur lachen (...)

NACHWORT

Gegen Ende der Arbeit an diesem Text fiel mir die Diplomarbeit (damals: Hausarbeit) in die Hände, die ich für mein Deutsch-Lehramt geschrieben hatte. Titel der knapp 100-seitigen Schrift: »Der Einsatz des politischen Romans in der Sekundarstufe I am Beispiel des Werks der DDR-Schriftstellerin Christa Wolf«.

Ausgerechnet mit dem Oeuvre Christa Wolfs hatte ich mich seinerzeit für den Ernstfall wappnen wollen! Inzwischen bin ich als Lehrerin angekommen. Ich bin froh, wenn sie mir statt der Christa wenigstens den bösen Wolf richtig schreiben, nämlich vorn nicht mit dem Victoria-Beckham-W, sondern mit dem anderen, und hinten mit einem einzigen schlanken Fenerbahce-f. Ich habe mich daran gewöhnt, Sätze zu hören wie: »Der Mund ist zu, wenn Stunde ist.« Und ich finde es inzwischen auch ganz in Ordnung, dass es Kinder-WCs gibt und daneben eigene für Lehrerinnen und Lehrer. Jede praktizierende Kollegin wird wissen, warum.

Inzwischen macht mir mein Beruf auch meistens Freude. So übel ist es nicht, Kindern zu helfen, ins Leben zu gelangen. Auch wenn es dabei nicht immer flutscht ... Wünschen würde ich mir, dass öfter nur einfach von »Kindern« gesprochen würde und weniger davon, welche »Defizite« sie haben, wie hoch oder niedrig der Grad ihrer »Arbeitsmarktkompatibilität« ist und welche ethnisch-kulturellen »Hintergründe« sich dabei auftun.

Zu Beginn des aktuellen Schuljahrs war wieder nicht zu überlesen, dass in Wien bereits die Hälfte der Schuleinsteiger Kinder mit nicht-deutscher Muttersprache sein würden. Eine solche Nachricht fällt wohl unter »schlechte Nachricht«. Die gute Nachricht, die nirgendwo stand: Zur anderen Hälfte haben sie offenbar auch diesmal wieder die österreichisch sprechenden Kinder gezählt. Das ist keine Selbstverständlichkeit. Wie eine Untersuchung der Sprachforscherin Jutta Ransmayr[63] ergeben hat, hält man das, wofür wir österreichischen Lehrer ungeniert »Deutsch«-Noten vergeben, EU-weit nämlich nur für einen »Dialekt«, und zwar (O-Töne aus den Interviews) für einen »zweitklassigen«, »plumpen« und »fehlerhaften« Dialekt. Kein Grund also für übertriebenen Sprach-Chauvinismus. Zumal die Kinder eh nicht mitspielen.

– *Sanela, kannst du bitte dein Sackerl wegräumen?*
– *Sackerl. Voll krass.*
– *Nemanja, dich hat keiner gefragt.*
– *Er meint ätzend, Herr Lehrer.*
– *Danke, Iwan, ich weiß, was er meint. (Pause) Aber du, Sanela, weißt offensichtlich nicht, was ein Sackerl ist … (Pause) Okay, wie sollte ich eurer Meinung nach zu einem Sackerl sagen?*
– *Na, Tüte. Tun Sie nicht fernsehen?*

Und erwarten Sie sich jetzt bitte keine abschließende Antwort auf die Frage, wer denn nun der wahre Feind des Lehrers sei. Oder fragen Sie Patrick, 4B. Englischstunde, Romeo und Julia. Der Lehrer beginnt:

– *Niemand hat nur Freunde. (Pause) Alle Menschen haben auch Feinde. Die einen haben mehr, die anderen weniger. Das ist bis heute so. Manche Menschen kämpfen ein ganzes Leben lang gegen ihre Feinde, es herrscht blanker Hass, man versucht seinen Feind zu vernichten, oft über Generationen hinweg, und irgendwann weiß keiner mehr, wie die Auseinandersetzung eigentlich angefangen hat, und schon gar nicht, warum. Darum sollte …*
– *Lehrer auch?*

- *Was Lehrer auch?*
- *Lehrer haben auch Feinde, stimmt's? (Pause) Die sie vernichten wollen, weil sie sie hassen.*
- *(Pause) Patrick, da geht es jetzt nicht um Berufsgruppen, sondern um …*
- *Ich weiß, wer die größten Feinde der Lehrer sind.*
- *Aha?*
- *Kaugummis (hahaha).*

ENDE

Anmerkungen

1 Das in Österreich und Deutschland erscheinende Monatsmagazin »DATUM«
2 Für »Standard«, »Kurier« und »Salzburger Nachrichten«, aber auch für das Magazin »Topic«, das von dem »profil«-Kolumnisten Peter Michael Lingens herausgegeben wird und nur an Schulen abonniert werden kann, oder die »arbeitsblätter«, das frühere Lehrerheft des »Österreichischen Jugendrotkreuzes«, habe ich in den letzten zehn Jahren rund 200 Texte zum Thema verfasst. Eifrigen Zeitungslesern wird also die eine oder andere Schilderung bekannt sein.
3 Wir Lehrer sind ja vor allem Lehrerinnen, daher werde ich im vorliegenden Text bevorzugt die weibliche Form verwenden; bei den Schülern mache ich es des Ausgleichs wegen umgekehrt.
4 Die Vornamen in Verbindung mit Schülerzitaten sind frei gewählt.
5 Die PISA-Studien der OECD sind internationale Schulleistungsuntersuchungen, die seit dem Jahr 2000 in dreijährigem Turnus in rund 70 Staaten (35 OECD- plus Partnerstaaten) an rund 300.000 SchülerInnen durchgeführt werden. Sie haben zum Ziel, alltags- und berufsrelevante Kenntnisse und Fähigkeiten 15-Jähriger zu messen. PISA leitet sich ab von **P**rogramme for **I**nternational **S**tudent **A**ssessment.
6 Die Ergebnisse PISA 3 (Erhebung 2009) werden für Dezember 2010 erwartet. In Österreich beteiligten sich diesmal 5000 Jugendliche des Jahrgangs 1993 aus ca. 300 Schulen.
7 Dr. Andreas Salcher, langjähriger Politiker der ÖVP, gründete nach einem persönlichen Treffen mit Karl Popper gemeinsam mit Bernhard Görg 1998 die erste österreichische Schule für Hochbegabte. Bis heute ist Salcher geschäftsführender Vizepräsident des Vereins zur Förderung der Sir-Karl-Popper-Schule.
8 Dr. Christa Koenne ist Chemiedidaktikerin an der Uni Wien. Sie war 18 Jahre lang AHS-Direktorin, seit 1998 leitet sie die PISA-Science-Gruppe Österreich, daneben ist sie Mitarbeiterin am Institut für Unterrichts- und Schulentwicklung (IUS) und leitet dort das Projekt »Prüfungskultur«. Sie ist eine der führenden Bildungsentwicklerinnen.
9 PIRLS: Progress in International Reading Literacy Study; TIMSS: Third International Mathematics and Science Study
10 Im April 2008 wurde DDr. Günter Haider von Bildungsministerin Dr. Claudia Schmied für den Zeitraum bis 2013 zum Mitglied des Direktoriums des Bundesinstituts BIFIE (»Bildungsforschung, Innovation und Entwicklung des österreichischen Schulwesens«) in Salzburg berufen. Günter Haider hat mehrere Lehrämter und ist mit einer Sonderschullehrerin verheiratet.
11 Dr. med. Martina Leibovici-Mühlberger ist Psychotherapeutin, Mediatorin und gilt als Erziehungsexpertin.

12 Als Integrationslehrer bin ich »Legionär« und werde außerhalb meiner Stammschule – dem »Sonderpädagogischen Zentrum Wien-Währing« – eingesetzt; zurzeit bin ich Klassenvorstand in einer KMS-Klasse, in der sich auch Kinder mit sonderpädagogischem Förderbedarf befinden. Klingt kompliziert, ist es auch.
13 Geografie und Wirtschaftskunde
14 Eine schriftliche Information an die Eltern, dass ein Kind im bevorstehenden Zeugnis in einem Gegenstand ein »Nicht genügend« bekommen könnte, wenn es ... wenn es nicht ... blabla ...
15 Rawley-Studie, Boston University 2004
16 Univ.-Prof. Bernd Schilcher saß zwischen 1976 und 1991 für die ÖVP als Abgeordneter im steirischen Landtag und fungierte dort auch als Klubobmann. Er ist deklarierter Befürworter der gemeinsamen Schule bzw. eines »Gymnasiums für alle«. Er hat als Landesschulratspräsident auch den gesamtschulartigen Schulverbund Graz-West begründet, wo Hauptschüler und Gymnasiasten gemeinsam unterrichtet werden.
17 Dr. Andreas Schleicher, Bildungsforscher, ist Leiter der Abteilung für Indikatoren und Analysen im Direktorat für Bildung der OECD, internationaler Koordinator der PISA- und anderer international vergleichender Studien.
18 www.arbeiterkammer.at bzw. AK-Mitgliederzeitschrift, 12/2009 – 01/2010
19 Studie des UNO-Kinderhilfswerks »zur Lage der Kinder« in Industriestaaten auf Basis von PISA und einer WHO-Studie, 2007
20 Lisa Pesendorfer: Hauptschule trifft Hochschule im Tandem, Wien 2009, Betreuer: ao. Univ. Prof. Dr. Andreas Novy
21 Außerordentliche Schüler, die aufgrund (noch) nicht vorhandener Deutsch-Kenntnisse nicht benotet werden dürfen.
22 Freie Übersetzung für Nicht-Wiener: »Schau dir den Mann einmal genau an, liebe Gattin. Er gönnt unserem Sohn das Ziel-Wasser nicht. (...) Zuerst verunsichern Sie die Kinder derart, dass diese nüchtern gar nicht mehr in die Schule zu kommen wagen, und dann werden auch noch wir als ihre Eltern vorgeladen. Als hätten wir zu Hause nichts Besseres zu tun, nicht wahr, liebe Gattin? (...) Ich werde Ihnen etwas sagen: Wenn Sie ein Schulmilchtrinker sind, seien Sie es. Aber lassen Sie unseren Sohn in Frieden, solange er sonst nichts anstellt. Und jetzt gehen wir, liebe Gattin, bevor mir vor Wut die Adern herauskommen.
23 Quelle: DATUM 1/2010
24 Name allgemein bekannt
25 Dafür wurde der Schütze im März 2010 zu acht Monaten bedingt verurteilt.
26 Falter 8/2010
27 Falter 52/2009 vom 23.12.2009
28 HOL Mag. Dr. Jörg Spenger ist auch Lektor am Institut für Bildungswissenschaft der Universität Wien und Trainer in der Führungskräfte- und Lehrerausbildung des Innenministeriums.
29 Im Auftrag der Gewerkschaft Öffentlicher Dienst (GÖD), durchgeführt 2009 von der ARGE Zuhören

30 Daniel Glattauer landete mit »Gut gegen Nordwind« und »Alle sieben Wellen« internationale Bestseller, derzeit neu aufgelegt: »Theo – Antworten aus dem Kinderzimmer«, Deuticke 2010.
31 Andreas Hillert: Das Anti-Burnout-Buch für Lehrer, München: Kösel 2007
32 Im Auftrag von »Business Doctors«, begleitet vom ÖGB, durchgeführt 2009 von der Karmasin-Motivforschung in zehn Berufsbranchen
33 OECD: Organisation für wirtschaftliche Zusammenarbeit und Entwicklung, zurzeit 70 Staaten und Partnerstaaten, vereinen zusammen 90 % des Welteinkommens.
34 Also für einen Wechsel von Lern- und Freizeit verteilt über den ganzen Tag
35 Mag. Christine Glattauer unterrichtete bis zu ihrer Pensionierung Englisch und Deutsch an einer AHS in Wien-Floridsdorf, einige ihrer Gedanken zum Thema Schule finden Sie am Ende dieses Kapitels.
36 Im »Kurier« antwortete Schule-Buchautor Andreas Salcher im vergangenen Mai auf die Frage von Connie Bischofberger, ob er die Gewerkschafter als seine größten Feinde betrachte: »Nein, die Lehrergewerkschaft ist der größte Feind der Lehrer und der Schüler (...)«
37 Susanne Jerusalem ist Mitbegründerin der ersten »Freien Schule Wiens« und seit 1991 grüne Gemeinderätin und Landtagsabgeordnete in Wien.
38 Siehe GEO-WISSEN: Die ideale Schule, Nr. 44/2009
39 Tatsächlich hatte die frühere Unterrichtsministerin Elisabeth Gehrer ihr Nein zu »kleineren« Klassen damit begründet, dass dann Völkerball spielen nicht mehr möglich wäre.
40 In einem Interview in der »Wiener Zeitung«
41 Mag. phil. Dr. theol. Klaus Porstner war Religions- und Deutschlehrer an mehreren Gymnasien in Wien, zuletzt Professor für Religionspädagogik an der Pädagogischen Akademie des Bundes in Baden, NÖ; zusätzlich pädagogische Praxis als Religionslehrer an einer Berufsschule ebendort. Seit September 2004 in Pension.
42 Dr. phil. Ferdinand Eder, geb. 1948, ist Universitätsprofessor am Fachbereich Erziehungswissenschaft und Kultursoziologie und arbeitet am Institut für Pädagogik und Psychologie der Johannes-Kepler-Universität Linz.
43 Prof. Karl Heinz Gruber lehrt Vergleichende Erziehungswissenschaften an der Universität Wien.
44 DI Konrad Zimmermann, geb. 1955, studierte an der TU und war wissenschaftlicher Mitarbeiter bei der Voestalpine und bei IBM, dann HRL-Lehrer. Ab 1997 gründete er die LernQuadrat-Nachhilfeinstitute. Heute ist der Vater von drei Kindern Geschäftsführer der LernQuadrat Bildungsmanagement GmbH mit rund tausend Lehrkräften auf über 50 Standorten.
45 Erschienen in »arbeitsblätter« 3, März 2010
46 In Österreich gibt es 1.417.000 Familien, in denen Kinder leben. Knapp 300.000 davon sind Ein-Eltern-Familien. Das ist fast doppelt so viel wie Lebensgemeinschaften (145.000). Eine knappe Million sind Ehepaare.
47 »WBS«-Journal, Ausgabe Nr. 1, Jänner/Februar 2010

48 Die Presse, 06.03.2009
49 Befragungszeitraum: 27. November bis 13. Dezember 2009
50 Elternmagazin des Buchklubs, Ausgabe 2009/2010
51 Aus der Tageszeitung »Österreich«, 18. Mai 2010
52 BIFIE-Chef DDr. Günter Haider
53 Gemeint ist PIRLS (Progress in International Reading Literacy Study), eine Studie, die zeigt, wie gut VolksschülerInnen im internationalen Vergleich lesen können.
54 Erhebung durch das »Institut für Höhere Studien« (IHS), 2009
55 In der Steiermark wurde an sechs Pilotschulen unter dem Titel »Glück macht Schule« mit fächerübergreifendem »Glücksunterricht« begonnen. An drei höheren Schulen in Wien, Kärnten und dem Burgenland läuft unter dem gleichen Titel ein mehrteiliges Projekt für 15- bis 18-Jährige.
56 Bécs = Wien
57 Weil die Forderung nach einer »Männerquote für Lehrerinnen« gleich die zweite ist, die ich erhebe, wechsle ich für die letzten paar Seiten das Suffix und verwende im Sinne ausgleichender Gerechtigkeit den/die Lehrer, wenn ich alle LehrerInnen meine.
58 Gemeint sind Kinder mit den verschiedensten Formen von Lernbehinderungen, aber auch solche mit Sprach-, Körper-, Hör-, Seh- und anderen Behinderungen wie Autismus oder Down-Syndrom.
59 Gerhard Tuschel, 63, ist Landesschulinspektor für den Bereich »Integration«, die praktisch auf Wien beschränkt ist.
60 An 557 Schulen waren insgesamt 308.058 Fragebögen ausgegeben worden, die sich differenziert an Eltern, Schüler und Lehrer richteten. 112.274 kamen ausgefüllt zurück.
61 Michael Jahn, Hegelgasse 12
62 Arno Geiger, Alles über Sally. Roman, München: Hanser 2010
63 Jutta Ransmayr, Der Status des Österreichischen Deutsch an nichtdeutschsprachigen Universitäten. Eine empirische Untersuchung, Peter Lang Europäischer Verlag der Wissenschaften 2006. Für die Studie wurden 130 Deutsch-Lehrende und 800 Studenten an 23 Unis in Großbritannien, Frankreich, Tschechien und Ungarn befragt.

Personenregister